女性が起業して成功するためには「与え方」が9割

望む未来を手に入れる
5つのステップ

起業・副業の夢を叶える
ビリーブセールスコンサルタント
なかうら愛子 Nakaura Aiko

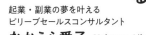

まえがき――ビジネスは、「与える人」ほど成功し、幸福になれる！

この本を手にとってくださって、ありがとうございます。なかうら愛子と申します。
起業・副業をとおして夢を叶えたいと願っている人の起業支援サポートを始めて5年が経ちました。

この間、私のまわりでは、成果が出る人と、頑張っているのになかなか成果が出なくて辛い思いをしている人の二極化が、どんどん進んでいるのを目の当たりにしてきました。

そのような思いをしている方たちの何かお役に立てたら嬉しいと、いつも思っていました。

なぜかというと、コーチ、コンサルタント、カウンセラー等を仕事に選んでいる人の共通点は、「人の役に立ちたい」「社会貢献したい」と思っている素敵な人が多いからなのです。しかも皆さん、大変真面目で誠実、努力家です。

私は、19歳の時から、ボランティア畑で、これまで45年間活動しています。
「世の中の役に立ちたい」「人の役に立ちたい」「社会貢献したい」そのようなことを思っ

ている人こそが、どんどん成功し、夢を叶えていったら、どんなにか素敵な世界になるでしょう。

笑顔になり、幸福な人があなたのまわりに増えていったら、とても素晴らしく、想像するだけでワクワクしてきます。

私の経験が何かお役に立てたら、こんなに嬉しいことはありません。心底そんなことを思っています。今回、このような形で、出版するという機会を与えていただけましたことに心より感謝申し上げます。

本書の内容は、これまでの人生経験を強みに変え、59歳で起業し、一年目で年商1400万円超えを達成し、ある意味で人生を大きく変えることができた私だから伝えられることです。

「そうです！」、女性が起業して成功するために、どうしても身につける必要があるのが、後述する「5つの力」です。一言で言えば、**「相手を幸福にするパワー」**のことです。

つまり、**主催者側のあなたが、お客様であるクライアントに喜んでいただくための「心の**

力」、クライアントを幸福に誘う「愛の力」です。私はこれを「与える力」と呼んでいます。

2020年年頭から、世の中はコロナ禍となり、残念ながら、人と人が直接会える機会が大幅に失われています。その環境下、社会では一気にオンライン化が進んでいます。そのため、リアル中心で仕事をしてきた人は、仕事の仕方を半強制的に、オンライン化せざるを得なくなっています。正直なところ皆さん、「この先、どうしたらいいのだろう？」と戸惑っています。私もその中の一人でした。

でも、ちょっと立ち止まって、冷静に考えてみると、**リアルでもオンラインでも、仕事の意味・目的・使命は、何も変わっていない**と思うのです。まったく同じだと思うのです。つまり、たとえこれから先、どのような環境・時代になったとしても、仕事の意味・目的・使命は、何も変わらないということです。

したがって、本書では「リアルでもオンラインでも、仕事の意味・目的・使命は同じである」という大前提に立って、**どんな時代でも、起業して成功するために必要なポイント**

を、「与える力」としてお伝えしていきます。

その中心概念は、**「セールスは愛®」と「成約は愛™」という考え方です。**

どんな時代でも、女性が起業して成功するためのポイントは、次の5つです。

❶「相手の立場に立つ思いやりの心」を持っている

❷「自分の商品は売れるのか？」を見極めている

❸「あなたに出会えてよかった！」と感謝されている

❹「あなたから買いたい！」と決断してもらえる

❺「相手の人生を心から愛する」ことができる

この5つのポイントは、本書のレッスンで、どなたでも簡単に身につけることができます。ステップに従ってレッスンすれば大丈夫です。どうぞ安心してください。

5つのポイントを身につければ、今日からあなたは、どんな時代になっても「ビジネスと人生の勝利者、成功者！」です。

ぜひ、この**「与える力」**を身につけて、リアルでもオンラインでも、起業家として成功し、夢を叶えていただきたいと願っています。

そして、あなたのビジネスが成功し、多くの人の役に立ち、皆さまに喜んでもらえる素晴らしい未来となることを、心より応援しています。

本書を手に取っていただいたあなたのこれからの未来は、3カ月後には大きく変わり始め、描いた理想の未来に必ず近づいていることでしょう。

今日は、そんな輝く未来へのスタートの日です。

「おめでとうございます！」

あなたが望む未来は、確かに、この一歩から輝き始めました。

「勇気を出して、最初の一歩をスタートさせたあなたの輝く未来に心から乾杯！」

2021年5月吉日

なかうら愛子

STEP 1 起業して成功するための「10のマインド力」

マインドセット

STEP 2 商品の見極めポイント

「自分の商品は売れるのか?」を見極める

STEP 3 マッチングポイント
「あなたに出会えてよかった!」と感謝される

STEP 4 クロージングポイント
「あなたから買いたい!」と決断してもらう

STEP 5

末永く愛されるための9つの秘策

お得意様化ポイント

プロローグ――女性が起業して成功するための5つの力

「女性が起業して成功するための5つの力とは何ですか？」と聞かれて、一言で答えるとするならば、「それは、『**与える力**』のことです」と応えます。

与える力とは、**相手を幸せにしたいと願う「愛を与える力（パワー）」**のことです。

もともとあなたが心の中に持っている、**相手の人を笑顔にする力、幸せへと誘う愛の力**のことです。

その心の力が強ければ強いほど、相手は、あなたの愛のパワーの感化力で、どんどん幸福に近づいていくことができるのです。これは、法則だと思ってください。

あなたが心に持つ愛の力！　それを相手に与える力のことを、本書では「成功するための力」と呼んでいます。

この成功するための力を学び、身につけることで、あなたの心の中にある、相手を幸福にする力は確実に上がっていきます。

あなたのまわりに、幸福になる人が増えること。つまり、それは、あなたが望む理想的な未来に近づいているということを指しています。
今回、この「成功するための力」を、5つのステップに分けてお伝えします。それが、次のステップ1〜5までの各ポイントです。

①マインドセット…起業して成功するための「10のマインド力」。
②商品の見極めポイント…「自分の商品は売れるのか？」を見極める。
③マッチングポイント…「あなたに出会えてよかった！」と感謝される。
④クロージングポイント…「あなたから買いたい！」と決断してもらう。
⑤お得意様化ポイント…末永く愛されるための9つの秘策。

ぜひ、あなたも「成功するための5つの力」を身につけて、望む未来を手に入れてください。それでは、いよいよレッスンのスタートです。

ポイント

「与える力」を身につけて、成功すると決める！

STEP 1

マインドセット

起業して成功するための「10のマインド力」

本気で成功を望んでいるなら、成功する「マインドセット」をしよう！

先ず、ステップの最初に「マインドセット」を持ってきた2つの理由からお話ししたいと思います。

1つ目の理由は、あなたの人生とビジネスを、よりよいものにするためには、**「心の状態を、前向きの状態にする」**ことが先決だからです。

なぜなら、人生とビジネスに成功する必須条件として、あらゆる強み、才能、長所等の中で、第一に求められるのが、**「健全な人格（人間性）」**であるからです。

ですからまずは、自分の心の状態を、前向きの状態にするように、日々意識して努めていくことがとても大切です。

そして2つ目の理由は、**あなたの「当たり前マインドTM」を見つけて、それを「成功マ**

インド」に書き換えていくことが重要だからです。

この「当たり前マインド」という言葉は、初めて聞く言葉かもしれませんね。じつは、この言葉は、私が日頃使っている言葉です。

もしかしたら、私の造語かもしれません。意味は、「自分が意識せずに日常的に使ってしまっている心の傾向性とか、自分が身につけてしまっているマインドのパターン」のことです。

現在の自分にとって、何の違和感も感じていない、ごく普通に使っている思考パターンのことを、私は、「当たり前マインド」と呼んでいます。

だから、この当たり前マインドは、誰もがみんなそれぞれ独自のものを持っています。

ところが、この当たり前マインドこそが、これからのあなたの人生の明暗を分けるキーなのです。

つまり、今あなたが既に持ってしまっている当たり前マインドの中には、あなたのこれからの明るい未来にとってプラスになるマインドセットがあります。

と同時に、障害となる、一日も早く手放したほうがいい、厄介なマインドセット（障害マインド）の両方が含まれているからです。

この事実こそが、現在のあなたの状況に幸、不幸を生み出している理由、原因でもあります。ですから、あなたが急いで取り掛からなければならないことは、今自分が持ってしまっているあなた独自の当たり前マインドをひとつでも多く発見することです。

さあぜひ私とご一緒に、あなた独自のマインドセットを発見する旅に出発しましょう。

あなたの当たり前マインドを一つひとつ確認しましょう。

そして、書き換えていきましょう。成功するには、成功するために必要なマインドセットがあるのですから。

成功者と言われている人たちには、ある共通したマインドセットがあります。

あなたが起業して本気で成功しようと願っているのならば、初めにすべきことは、**成功者の当たり前マインドを学び、とことん身につけてしまうこと**です。

それこそが、成功者への一番の近道だと言えるでしょう。

大切なことなのでもう一度お伝えします。**「成功者は、成功するための当たり前マインドセットを持っている」**ということです。


あなたも今日ここで、今までの「当たり前マインド」を手放し、本物の「成功するためのマインドセット」を、身につけようと決意してくださいね。

それでは、いよいよレッスンのスタートです。

成功する起業家を目指すあなたが、成功するために身につけるべきマインドセットについて、これからひとつずつお伝えしていきますね。

成功するために必要な「10のマインド力」

この本を手にしているあなた。

あなたを成功に導く10のマインド力

①『思いやりの力』　相手の立場に立つ思いやり力
②『考える力』　どうすれば相手が喜ぶかを考える力
③『心を調律する力』　自分で心の状態を調律する力
④『対応力』　爽やかな挨拶と誠実な対応力
⑤『傾聴する力』　相手の話を共感して聴く力
⑥『尊重する力』　相手の価値観を大切にする力
⑦『理解する力』　相手を理解する姿勢を持つ力
⑧『信念の力』　サポートに対する強い信念力
⑨『応援する力』　ゴールの先にある未来への応援力
⑩『心の力』　自分の幸福＝相手の幸福という考え方

女性のあなたがこれから起業して、ビジネスで成功し、大好きな家族や友人たちと一緒に、自由で豊かな人生を送るためには、成功するために必要な**「10のマインド力」**を知り、ぜひ、身につけていただきたいと思います。

まずあなたに、この10のマインド力を紹介いたします。

先ずは、この表の全体を見てください。そして、その表を頭の片隅に置いておいてください。次に大切なことは、常に全体を意識しながら、各項目別に、**「自分ごと化」**するということです。

その際、できるだけ具体的にシミュレーションすることがポイントです。なぜならば、具体的にシミュレーションすることが、日常的に、マインド力を活用しやすくする秘訣だからです。

ぜひ、実際に使っている場面をイメージして、シミュレーションする習慣をつけましょう。

そして、既にあなたが「10のマインド力」を身にまとい、お客様に喜ばれ、ビジネスがどんどん発展していく様子を、毎日イメージしてみましょう。

「もしかして、私できるかもしれない」

そう思えたなら大成功！　このレッスンは修了です。

大丈夫！　これであなたもマインド力アップ間違いなし！

ポイント

成功するための「10のマインド力」を常に忘れない！

マインド力❶

相手の立場に立つ思いやりの力

あなたには、こんな体験はないでしょうか?

「相手のためによかれと思って、一生懸命にしたことが、かえって裏目に出てしまって、喜んでもらえるどころか、逆に人間関係が壊れてしまう結果になった」

若い頃、私には、このような悲しい体験をしたことが何度かありました。

ひょっとしたら、人は誰でも1〜2回は、こういう悲しい体験をしたことがあると思います。そして、このときの対応が、大きく2つに分かれます。

1つ目は、「相手のためにこんなにしたのに、裏目に出てこんな悲しい思いをするぐらいなら、ばかばかしいから、もうやめよう」と考えるタイプ。

2つ目は、「どうしてこうなったのだろう?」「どこがいけなかったのだろう?」と原因を考えるタイプです。

私は、2つ目の「なぜ、こうなってしまったのか、どこがいけなかったのか」を考えるタイプでした。あなたは、どちらのタイプですか？

じつは、**「相手のためによかれと思って……」という、この「相手のために！」というマインドこそが、この項のレッスンポイント**なのです。

「成功するための力」とは、「相手の立場に立った思いやりの心」であり、これを身につけることが成功のカギであるとお伝えしました。

つまり、若い頃の私のように「相手のためによかれと思ってしたこと」が、実際は「相手の立場に立った思いやり」にはなっていなかったという事実に、まずは正直に気がつくことが大切です

その後の私は、こうなった原因を探究し、研究しました。その結果、発見したことは、次の3つの事実でした。

①「相手のためによかれと思ってしたこと」は、その思いの基準が、まだまだ自分にあって、相手にはなかったこと。

②「相手のためによかれと思ってしたこと」は、わかりやすく言えば、相手不在の独りよがりな思いと行為だったこと。

③「相手の立場に立つ」という本当の意味を理解していなかったこと。

つまり、自分勝手で自己中心的な思いをモノサシにするのではなく、どこまでもただただ純粋に、相手の方の幸福と成功を願い、それを実現するための思いをモノサシにすることでした。

「相手中心の思いと行為こそが、本当の意味で相手の立場に立つ」ことだ、と気がついたわけです。

あなたが、真に人生とビジネスで勝利し成功者となるために、初めに取り組んでいただくレッスンは、この**「相手の立場に立つ」ということの本当の意味を理解し、行動すると**いうことです。

このことをマスターすることなくして、真の成功が、あなたに訪れることはまずないと言っても過言ではありません。


では、具体的に「相手の立場に立つ」ということは、どういうことなのでしょうか？

どうすれば、相手の立場に立ったと言えるのでしょうか？

一言で言えば、**「相手の立場に立つ」とは、「相手のことを理解する」**ということです。

この二つの言葉は、同義語だということです。そうだとすれば、よく理解するためには、相手に関する色々な情報が必要です。


つまり、相手のことが、よく理解できるように、できるだけ多くの情報を集めておくことが必要になります。たとえば、
①相手の育った環境、家族情報　②好きな食べ物、嫌いな食べ物　③相手の趣味、好きな事　④性格、物事の受け取り方や考え方のパターン　⑤大切にしている考え方　⑥価値観　⑦尊敬する人物　⑧現在の夢　⑨将来の夢　⑩SNS等で発信している内容、テーマ

等です。

ほかにも、健康状態とか、経済状況など色々な情報を知っていたほうが相手の方を理解するのに役立ちます。

ぜひ次頁のワークシートを活用して、あなたの相手への理解度アップにお役立てください。相手のことを理解することこそが、成功への近道です。

ポイント

まずは、相手に関心を寄せ、情報を集め、理解することから始まる

名前　　　　　　　　家族構成

年齢　　　　出身地　　　　職業

項　目	内　容
育った環境・家族	
食べ物の好き嫌い	
趣味	
性格	
考え方のパターン	
物事の受け取り方	
価値観	
尊敬する人物	
現在の夢	
将来の夢	
健康状態	
経済状況	
使っているSNS	
発信内容	

マインド力❷

どうすれば相手が喜ぶのかを常に考える力

ここまでで、あなたが身につけたマインド力は、人生やビジネスで成功していくためには「相手の立場に立った思いやりの心」を持つことが大切だということでした。

そして、そのマインド力を身につける秘策は、相手の方の幸福と成功を願い、相手の方に限りない関心を寄せて、理解する姿勢を持つことであることを学びました。

そんなあなたが、次に身に着けるマインド力は、**「どうすれば相手が喜ぶのかを常に考える」姿勢を持つ**ということです。

これを聞いてあなたは、「あら、私は、いつもそう思って生きてきたわ」と、もしかして思われたかもしれませんね。今、そう心の中でつぶやかれたあなたは、素晴らしいです。

心の底からいっぱいの祝福エールと拍手を、お送りします。

そんなあなたに、ここで幾つか質問です。

①あなたは、いつ頃からそう思って生きて来られたのでしょうか？

②また、どのようなでき事がきっかけで、そのように考える事を意識し始めたのでしょうか？

そして、今もそう思って生きているということは、あなたの中では既にそのマインドが習慣化されている。つまり、無意識化、潜在意識下に存在しているということを意味している訳です。

③その思いを長い間、継続し実践してみて、その結果、あなたの人生において、何かよい方向に変わったことがあったと思います。それはどのようなことがあったでしょうか？

私の場合を例にとって、お話ししたいと思います。

まずは①「いつ頃からそう思っていたか？」➡まったく記憶にはありませんが、おそらく生まれたときからそう思っていた（ホントかなあ？　笑）のではないかと思います。

次に②「きっかけは何か？」➡思い出してみると、もともとの原因は、「幼少時代から、私は母の喜ぶ笑顔が好きで、いつも見ていたくて、母の喜ぶことはなんだろうと、なんとなく常に無意識に探していた」からではないかと思います（今更ながら気がつきました）。

最後の③「この思いの習慣化によって得られた人生がよい方向に向かった実例は何か？」
➡これはもう正直なところ数え切れないほどあります。

あえて、一言で表現するならばこうです。

まるで、私専用の一年中見ることができるお花畑、いつでも行けるフラワーガーデンが、あちこちにでき上がったということです。

つまり、相手の方が喜ぶことは何かを、常に考える習慣が私にもたらしてくれたことは、**「ご縁があった方の笑顔の増産」**です。

私にとっては、出会った多くの人々の笑顔一つひとつが、じつは、キラキラ輝く一輪のお花なのです。

ですから、お一人お一人の喜ぶ笑顔が増えることは、ガーデンがどんどんと広がっていくことなのです。

ちょっと想像してみてください。一面ヒマワリの花畑！　あなたのまわり360度すべてがローズガーデン！　見渡す限りチューリップ畑！　こんなふうな感じになるのです。とってもよい香り漂う素敵な景色に囲まれて、日々幸福に暮らしている……このような人生が、あなたとあなたのまわりに展開してくるということです。

どうでしょうか？　私のシェアを聞いて、あなたのまわりにもお花畑が次から次へと広がっていくのがイメージできたでしょうか？

このように、**「相手の方が喜ぶことを常に考える習慣を持つ」ということは、すなわち自分自身や自分のまわりが幸福になることと深く繋がっている**ということですね。

ただただ純粋に、相手に喜んでいただきたいと願って発したあなたの思い、そして行為がじつは、巡り巡って知らないうちに自分の人生の喜びとなって還ってくる。

なんて素敵なことでしょう。

もしよかったら、時間があるときにでも、ゆっくりと、自分ごと化して想像してみてくださいね。けっこう楽しいと思います。

このように、具体的に自分ごと化すればするほど、きっと、相手を喜ばす心の姿勢の習慣化が加速されることでしょう。ぜひ、楽しんでトライしてみてくださいね。

ポイント

相手が喜ぶことを考えていると、自然と自分に喜びが巡ってくる

マインド力③

自分自身で、自分の心の状態を調律する力

成功するには、成功するために必要な心の状態をつくり、保つことが必須です。

現在、あなたの毎日の心の状態はどんな感じでしょうか？

きっと多くの方は、職場の上司や同僚、家族、仲良くしている友人の一言で、大波小波が押し寄せてきて、心が揺れて揺れて、何日間もモヤモヤしてしまうといった体験をしたことがあると思います。

じつは、その暗くネガティブな心を調律し、明るく積極的な心の状態を管理することは、なかなか難しいものなのです。

あなたは、セルフコーチングとか、セルフマネージメントという言葉を聞いたことがありますか？ これらは、**自分自身の心の力で、自分の心の状態を自由自在に調律できるこ**

とを目指しています。

この力を身につけることができれば、あなたは自分の人生を自分の思いで自由に創造できるようになります。そして、人生を豊かにするさまざまな扉をどんどん開くことができるようになるのです。

つまり、あなたが望む理想的なビジネスと豊かな人生を両方とも手に入れることができるようになるのです。素晴らしいですよね。

誰からも左右されない、誰の操り人形にもならない、唯一無二、あなただけの輝く人生を自由に生きることができたら最高に嬉しいですね。

では、どうしたらそのようなセルフマネージメント力を身につけることができるようになるのでしょうか？　ポイントは次の**たった3つ**です。

まず初めの重要ポイントは、**「自分の心は自分でしか守れない」**という事実を知る！

2つ目のポイントは、**「自分の心には力がある」**ということを信じる！

そして3つ目のポイントは、だからこそ**「自分の心の状態は、自分自身でいかようにも**

つくることができる」ということを、強く強く確信することです。

たったこの3つのポイントを確信して日々取り入れるだけで、あなたのこれからの未来は大きく変わってしまうのです。この真実の法則をあなたは信じられますか?

この法則の確信度合いによって、あなたの未来の人生は、幸福な方向にどんどん向かうこともできますし、また、逆に残念ながら自分の思いとは裏腹に不幸な方向に向かってしまうということも起こりえるわけです。

いつの時代も真実はシンプルな法則でできあがっているものです。誰でも、この3つのポイントに気がつけば、簡単に自分自身で、自分の心の状態を、理想的な目標設定に合わせて、よい方向に管理することができるようになります。

設定した目標の達成に向けて、あなた自身の心の力で、自分の心の状態をよく調律、管理し、理想のビジネスと人生の両方を手に入れましょう。

ポイント

自分の心の状態は、自分自身の心の力で管理できる

マインド力④

明るく爽やかな挨拶と笑顔での誠実な対応力

突然ですが、あなたはこの一週間、否、ここ最近一カ月の間に何人の人に「明るく爽やかな挨拶」をしましたか？　と問われて何と答えるでしょうか？

おそらくほとんどの人は、「もちろん、お会いした方には、ちゃんとご挨拶してますよ」と、答えると思います。

ではなぜ、改めてこのような質問をしたのでしょう。

それは、**日頃「どのような挨拶をしているか」ということが、あなたの人生を大きく左右すること**だからなのです。

つまり、この「挨拶」こそが、あなたが人生に成功し、ビジネスに成功し、そして、望む未来を実現していくための重要な一歩であるからです。

とても大切なことなので繰り返しますが、**日々の「挨拶」こそが、あなたが、人生に勝利するために身につけるべき必須項目**なのです。

先ず、このポイントを、しっかりと理解していただきたいと思います。

●挨拶の定義

ところで、あなたが、いつも交わしている「挨拶」は何を目的としていますか？

どの様なことを目指しているのでしょうか？　ちょっと考えてみましょう。

結論から申しあげると、**「挨拶」とは、相手の方に、自分の好意の気持ちを伝えることを目指しているもの**です。

これが前提で交わされるお互いの挨拶だからこそ、コミュニケーションが深まり、信頼関係の構築ができるのです。

だから**「極上の挨拶」は、あなたの人生のすべてに成功と幸運をもたらすための最強ツール**だということです。

こう考えると、なんだかすごいですよね。「挨拶」がいかに自分の人生に影響力を与えているのか、ということです。

●挨拶の奥義

次は、挨拶の奥義編です。さらにもっと具体的に深めていきますね。
あなたは、こんなことを聞いたことはありませんか？

「人は、会ってから、たった7秒間で相手の印象を決めている！」

どうもそうらしいですね。私たちは、無意識のうちに、たった7秒間で相手の印象を決めているということなのです。どうですか？　これを聞いて何を感じられましたか。
私の場合は、素直に「第一印象は大切なんだなあ」と思いました。
それはそうですよね。人に与える自分の「第一印象」次第で、人生が幸福になったり不幸になったりするわけですから。それならば、少しでも第一印象をよくしたいものだと思ったわけです。

第一印象がよくなれば、人間関係がよくなって、友だちや仲間がどんどん増える。

そして、自分の人生やビジネスがいかようにも発展していくためのチャンスの扉が用意され、次から次へ開いていく。

こんな素晴らしいことが、あなたに起こり始める！　豊かさの循環が軽やかにまわり始めるのですから、素敵ですね。そこで、次に自分の第一印象のチェック方法とポイントについてお伝えします。

●自分の第一印象のチェック方法

自分の第一印象のチェック方法は、大きく次の2点です。

1点目は、**主観的な確認法**。これは、自分の立場で自分自身を観察する方法です。

2点目は、**客観的な確認法**。これは、あなたが、会う人の立場に立って客観的に自分を観察する方法です。

この2点のチェック方法で、自分の第一印象をチェックしてみることが大切です。けっこう簡単にできるので、お試しください。

●自分の第一印象のチェックポイント

さて次は、もう少し具体的なチェックポイントについてお話しします。

自分の第一印象のチェックポイントは、2点です。

1点目は、**「外見」中心で観察する。**

2点目は、**「心の内面（マインド）」中心で観察する。**

たとえば、今日これから、あなたは初対面の人に会いに行くとします。今のあなたは、相手にどの様な印象を与えると思いますか？　この2つのチェックポイントを意識して観察してみましょう。

●チェックポイント（1）

初めに1点目の**「外見」中心の観察**からお話しします。たとえば、自分自身の姿を鏡に映して見たときに、どの様な人が写っていますか？

髪型は？　洋服や靴は？　ＴＰＯに相応しい服装・靴でしょうか？　全体的には？　爽

やかで清潔感あるイメージでしょうか？　お洒落で好感が持てるイメージですか？　それとも、個性的で魅力的なイメージでしょうか？

あなたが女性であるならば、メイクは？　眉の形は柔らかいですか？　それとも、きりっとしてますか？　仕事ができる凛々しい感じ？　口紅の色は？　自然なベージュ系。元気なオレンジ系。キュートなピンク系。強い意志派のレッド系……等。

こんな感じをポイントにして、自分自身を客観的にチェックしてみてください。

そうなのです。**「鏡に映っている自分の姿が、相手に映る自分自身の印象」**です。今のあなたは、相手から見てはたして、どのように映っているでしょうか？

まず「外見」のチェックポイントで、自分の第一印象を観察してみました。いかがでしたか？　おそらく、自己イメージと他者イメージとでは、けっこうなギャップがあったことに気づいたと思います。

ここで重要なことは、自己イメージと他者イメージの間に、どのくらい、どの様なギャップがあるのかを、冷静にそして具体的に、あなたが自覚・認識することです。

なぜなら、この**自己イメージと他者イメージとのギャップの自覚・認識こそが、あなたの成功へのスタート**だからです。

もしかしたら、今までとまったく違う新しい自分自身への発見があったかもしれません。

そういう意味でも、ときどき鏡の前に立ってみましょう。

●チェックポイント（2）

次は、2点目の**「心の内面（マインド）」中心の観察**です。まず初めに、自分で抱いている自己イメージのままに、観察してみましょう。

そして、その後で今度は、相手の立場に立って、相手に映っているであろう自分のイメージ・印象をできるだけ客観的に観察してみましょう。

観察するときのチェックポイントは、次の7つです。
①相手の方の成功や幸福を願う温かい気持ちがある。②笑顔である。③目じりがさがっ

た優しいまなざしである。④口角が上がった爽やかな表情である。⑤元気で明るい声である。⑥決まり文句のほかに温かい一言がある。⑦こちらから先に声をかけている。

これらの7つのチェックポイントを中心に、自分の心の内面を観察してみることで、相手の方に、自分がどの様なイメージ・印象を与えているかということが、客観的に見えてくると思います。

じつは、これらのチェック項目は、案外見落としがちですが、あなたが、ビジネスに成功し、人生に勝利するためには、どうしても必要なチェック項目です。

この**7つのチェックポイントがすべて◎の人は、すでにビジネスの成功と人生に勝利するためのスタート地点に立っている**と言えます。

ここで重要なポイントは、**常に「笑顔で誠実な対応」を心がけ、目の前の一つひとつの事柄に意識して心を込めて対応していけば、あなたは確実に次のステージに進むことができる**ということです。

あなたとあなたに好感を抱いている相手の方との間に、これまで以上の深い絆と信頼関係を構築して、次のステージに進んでいきましょう。

ポイント

たった7秒間の第一印象の積み重ねが、ビジネスと人生の扉を開く！

マインド力⑤

相手の話を、共感を持って聴く力

「セールスは愛」「セールスは、人を幸福にすること」と言い続けて、早いもので5年がたちました。

「SNSを使わないし、売り込まないのに、どうして自然にご成約いただけるのか？」

私がこの5年間、皆様から受け続けている質問です。もしかしたら、これからお伝えすることが、その答えに繋がっているかもしれません。

さて、この項は、ひょんなご縁で19才からボランティア活動の世界に入り込んだ、3年間セールス成約率100％（それ以降も95％以上の成約率維持）の私の話からスタートさせていただきます。少しの間、おつきあいくださいね。

●ボランティアは実践してなんぼ！

私がまだ20代前半で、ボランティア活動に参加し始めた頃のことです。恩師、枝見静樹先生との素晴らしい出会いがありました。

枝見先生は、まだ日本にボランティアという言葉が根付いていない時代に、日本の民間に初めてボランティア活動を提唱し、全国に広められていた先駆者的な役割を果たされた方です。

具体的には、一般社団法人「富士福祉事業団」を創立され、日本中にボランティア活動を拡げ、ボランティアの育成や養成活動をされていました。

私が通っていたのは、「ボランティア大学」という講座です。基本的には月一回の開催でした。

今のようなにオンライン講座などはない時代でしたが、毎回全国からボランティア活動をされている情熱ある方や、すでに福祉関係の仕事をされている方々など、多くの人が集われていました。

そこで私が学んだことは、もちろんとても多くありますが、たったひとつ選ぶとしたら、次のことです。


それは、**「知識や情報だけをいくら学んでもダメだ」**ということです。

「毎日の生活の中で、自分の生き方・在り方の中で、具体的に実践しなければ、何の意味もない。何の役にも立たない」ということです。

つまり、私にとって、**「実践してなんぼ！」**ということが、肝に銘じられた時間でした。

このことに、20代前半で気づいたことが、後々の生き方すべてにおいて、「大切な宝物＝指針」となっていったのは、間違いありません。

●心理学カウンセリングとの出逢い

そんな時間の中、さらに、もっと役に立てる自分になりたい！　との湧き出る思いから、カウンセリングを学び始めました。

数多くある心理学カウンセリングの中から、当時私が選んだのは、自分の価値観にしっくりきたカール・ロジャースという方のカウンセリングです。

米国の心理学者で、カウンセリングの大家と言われています。そのカール・ロジャースが提唱しているのが、この項のテーマでもある「傾聴」「積極的傾聴」というカウンセリングです。

私が学んだのは、ヒューマンライフ心理センターの高玉康子先生が開催されていた心理学とカウンセリングの実践講座でした。

その講座は、講義を拝聴して知識だけを吸収するというスタイルではなく、実際に毎回、受講生同士で傾聴のトレーニングをし合いながら、実践を積み重ねて、ケーススタディを増やしていくという学び方でした。毎回が緊張の連続だったことを覚えています。

これが、私と「傾聴力」との最初の出会いでした。この実践トレーニングの積み重ねのおかげで、同情ではなく、「相手の話を、共感を持って聴く力」がついてきたと言えるでしょう。

さて、振り返ってみると、まさに、このときの実践的な学びの積み重ねこそが、今に至るまでの私の様々な活動の大前提になっているということに、あらためて気づかされます。また、最初にお伝えしたように、「なぜ私が3年間もセールス成約率が100%だったのか?」というご質問のお答えに繋がる理由が、まさにここにある! と言っても過言ではありません。

このときの学びを前提にして、その後自分なりに身につけた傾聴やそのルールについては、後ほどご紹介させていただきますので、ぜひご活用ください。

●「傾聴力」「積極的傾聴力」を身につける

ここで、いよいよ、この項のテーマである**「相手の話を、共感を持って聴く力」**についてもっと詳しく見ていきたいと思います。

きっと、ここまでお読みいただいたあなたならば、おわかりだと思います。

そうなのです。あなたが本気で、ビジネスの発展と豊かで幸福な人生を手に入れたいと望んでいるのならば、先ずこの**「傾聴力」「積極的傾聴力」を身につける**ことは、じつは必須項目のひとつです。

ぜひ、あなたもこの機会に、「傾聴力」を身につけて、望む未来を手に入れてください。

●カール・ロジャースの3原則

それでは次に、一般的に「カール・ロジャースの3原則」と言われている内容を、お伝えします。

カール・ロジャースの3原則とはどのような原則なのでしょうか？　傾聴しながらカウンセリングするうえで、大切なポイントです。

1つ目は、**「共感的理解」と言われています。これは、相手の話を、相手の立場に立っ**

て、**相手の気持ちに共感しながら理解しようとする**ことです。

2つ目は、**「無条件の肯定的関心」**です。これは、相手の話を聞くときに、**個人的な善悪の判断や好き嫌いの判断を入れずに白紙の状態で聴く**ことです。

また、**相手の話を聞くとき、心の中で否定せずに聴く**ことが大切です。

なぜその人は、そのような考えを持つようになったのか、その背景と理由について、善意なる気持ちで肯定的な関心を持って聴くことが重要です。

あなたが、このような心の姿勢を持って接することで、相手との間に、安心感が生まれ、信頼関係を構築することができるようになります。

3つ目は、**「自己一致」です。これは、聴く側が自分に対しても、相手に対しても、正直な態度でいる**ことが重要だということです。

相手の話がわかりにくいときには、正直にその旨を伝えて、真意を確認しましょう。

さてあなたは、これまで人の話を聞くときに、どのような感じで聴いていましたか？

実際には、普段の生活の中で、自分自身が持っている善悪や、好き嫌いの価値観を挟まずに、白紙の状態で話を聴くというのは、正直言ってかなり難しいのではないかと思います。普通ほとんどの場合、ついつい心の中で、無意識のうちに、相手の話に反応し、判断したり評価してしまっていることが多いと思います。

だからこそ、この**「傾聴」「積極的傾聴」を身につけることが大切ではないかと思います**。そのためには、ちょっとだけトレーニングすることが必要です。もちろん、今できていなくても、何の問題もありません。

興味のある人は、よかったら、トレーニングしてみてくださいね。この後の項に、私が実際にトレーニングしたときの基本的なルールと、簡単なポイントを載せてあります。ご活用いただければ嬉しいです。

ポイント

高い成約率は、日頃の傾聴力アップトレーニングの積み重ねから

傾聴力を上げるための5つのポイント

1. 現在進行形の話に対して反応を返す。

A「昨日から○○しています」

B「10年前から、ずーっと○○なのよね」

※同じ言葉を返す。（オウム返し）

Ⓐ「昨日から○○しているのですね」

Ⓑ「10年前から、ずーっと○○なんですね」

2. 過去・完了形の話に対しては、反応しない。

3.「説明」に対しては、反応しない。

4. 感情、気持ちの話には、反応を返す。

A「悲しいんです」

※同じ言葉を返す。（オウム返し）

Ⓐ「悲しいんですね」

5. 擬態語・擬声語には関心を寄せる。

A「キリキリと痛い」

Ⓐ「キリキリと痛いんですね」

マインド力⑥

相手が大切にしている価値観、考え方を大切にする力

「これまでの人生の中で、あなたが相手との間に、信頼関係を築くときに大切にしていることはなんですか？」

もし、こう聞かれたとしたら、なんと答えますか？　次にご紹介するのは、信頼関係を構築するときに、大切にすべき重要ポイントです。

たとえば、こんな感じです。

①相手が嫌いなことは話題にしない。②自分が話すよりも、聴く側に回るようにしている。③相手が興味を持っている趣味・仕事等の話を、積極的に話題にする。④相槌を打ちながら聴く。⑤オープンハートで聴く。⑥先入観を持たずに聴く。⑦相手の未来への可能性を確信する。⑧自分が役に立てることはないか？　常に思いながら聴く。⑨相手が元気

になるように、話を持っていくようにしている。⑩相手の自己肯定感が上がるように、自信が持てるように、相手が使っている言葉を使って肯定的な話に持っていくようにしている。⑪笑顔を絶やさない——など。

どうでしたか？　あなたが、実際に大切にしているポイントは、何個くらいあったでしょうか？　7個以上あるという方は、大変素晴らしいです。残り4個にもぜひともチャレンジしてみましょう。

4個〜6個あったという方は、かなりいいコミュニケーション能力を持っています。この調子でさらに能力を磨いていきましょう。1個〜3個だったという方も大丈夫です。あなたのペースでいいので、ひとつずつ増やしていけるといいですね。

●優先順位

そしてできれば、先ほど挙げた①〜⑪のポイントに、あなたなりの大切だと思う優先順位をつけてみましょう。じつは、**自分で優先順位をつけて取り組んでいくことで、効果的**

にそのポイントを身につけることができるのです。

そのとき、優先順位が簡単につけられる方と、迷ってなかなかつけられない方と、2通りの方が出てきます。あなたは、どちらでしょうか？

もし、迷ってなかなかつけられないという方の場合、そこにはたいてい、次のような2つの理由と原因があることが多いのです。

1つ目の原因は、**優先順位をつけるときの「基準」**です。つまり、何を基準にして選んでいるのかという「基準」に、原因があることが多いのです。自分の基準を確認してみてください。

2つ目の原因は、ひとつの基準に絞れずに、**「複数の基準」**を同時に持ったままで、優先順位をつけようとしている場合が考えられます。

当たり前のことですが、複数の基準を持ったままでは、迷ってしまって優先順位はつけられません。自分がそうなっていないかどうか確認してみてください。

●相手が大切にしている考え方・価値観

さて、私が相手の方と、もっと深い信頼関係を築きたいと思っている場合に、特に意識して注目しているところはどこかというと、**相手の方が大切にされている考え方や価値観**です。

これは、さらに深い信頼関係を築きたいと望んでいる場合には、大変重要なポイントです。じつは私たち人間には、誰もがみんな持っている**「6個のヒューマンニーズ（感情的な欲求）」**があると言われています。それは、①向上・成長のニーズ　②自己の重要感を求めるニーズ　③つながりと愛のニーズ　④不安定を求めるニーズ　⑤安心・安定を求めるニーズ　⑥貢献したいニーズ、です。※6個のヒューマンニーズ（感情的な欲求）に関しては、この項最後の解説をご参照ください。

人は誰もが、この6個のヒューマンニーズを持っています。でも、一人ひとりそれぞれが持っている、最も高いヒューマンニーズが違っているのです。皆、タイプが違うということです。

たとえば、Aさんの場合、最も高いヒューマンニーズは、「自己の向上・成長の意欲」だとします。Aさんは、常に自分が最も価値を感じているこの「自己の向上・成長の意欲」のニーズを一番に満たしたいと無意識のうちに思い、行動している、ということがあります。

また同じように、Bさんの場合、最も高いヒューマンニーズが「貢献」なので、いつもこの「貢献」のニーズを優先的に満たそうと、無意識のうちに思い、行動しているということが起こっているわけです。

このように、私たちは、**一人ひとり大事にしている価値観・考え方が違います。先ず素直な気持ちで、この事実を受け入れる**ことです。そして次に、自分から、相手の方を受け止め、**理解しようという心の姿勢と態度を持つ**ことが重要です。

この心の姿勢と態度を持つことが、すべての前提となります。前提が変われば、それに伴い当然ですが、目標や具体的に目指す方向性が変わります。

ですから、さらに深い信頼関係を築きたいと願っている相手が、最も大切にしている価値観や、考え方を知ることで、あなたは、自分もその人が大切にしている価値観・考え方を大切にすることができるようになるわけです。

つまり、もう少し具体的に言うなら、あなたは、**「相手に寄り添った言葉がけや、言葉使い、そして、相手が喜ぶ選択・提案・行動が取れるような自分になれる」**ということです。

このようにして、私たちは、もっともっとお互いに仲良くなれて、信頼関係を深めていくことができるようになるわけです。

ポイント

深い信頼関係の構築は、相手の価値観を大切にすること

6つのヒューマンニーズとは？

私たち人間には、潜在的に持っている6つのヒューマンニーズ（感情的な欲求）があると言われています。

それが、以下6つの欲求です。

※あなたは、どのタイプですか？

マインド力7

相手を理解しようという姿勢を常に持つ力

今あなたには、大好きな人がいますか？　今までに何回恋をしたことがありますか？

あなたは、誰かを好きになったときに、先ず何を考える人でしょうか？

人は誰しも皆、恋をしたとき、自分特有の思考パターンを持っているらしいのです。

たとえば、自分は好きな人ができると、いつも「この人はどんなタイプの人が好きなのかなあ～？」と考えてしまう、というような感じですね。

学生時代の友人で、好きな人ができたとき、直ぐまわりにばれる人がいました。あなたのまわりにも同じようなタイプの人はいますよね。

なぜすぐにわかってしまうのかというと、誰から見ても明らかに外見が変わるからです。

まず、着ている服のセンスが変わります。これまでは、シンプルなデザインが好きだと言っていたのに、急にエレガントな洋服を着るようになった。

こういう人、あなたのお友だちにもいませんか？ ずーっとロングヘアーだったのに、急にバッサリ髪を切り、ショートカットにした。カラフルな色の洋服を好んで着て楽しそうだった人が、なんか気づいたら、ある日突然、全身モノトーンで覆われていた。

このように、外見に現れる場合は、まわりにとっても、わかりやすくてよいのですよね。

そのほかに、食べ物が変わるという形で現れた友人もいました。

たとえば、スパゲッティなどのイタリアンが大好きだったのに、あるときから、和食のお店にしか行かなくなったとか。ラーメンが好きだったのに、ラーメン屋さんに行かなくなったとか。また、言葉使いや話し方が変わる方もいますよね。

このような傾向性は、一般的に女性のほうが多いかもしれませんが、私の経験では、おそらく男性にもあるように感じます。

どうして、このようなことが起こるのでしょうか？ ここには、ある法則を見つけることができるのです。

人は誰しも、誰かを大好きになると、その人に振り向いてもらいたいと思いますし、自分のことを気に入ってもらいたい、気に入られる自分になりたいと思うものです。そして、自分のことを好きになって、愛してほしいと思います。

つまり、自分が好きになった人に、気に入ってもらいたいとの気持ち（欲求）から、相手の好みに合わせたいという感情が自然と湧いてくるようになるわけです。

なぜなら、相手の好みに合わせることで、自分のことを気に入ってくれて、好きになってもらえるのではないかと思うからです。

だから、一生懸命に相手を理解しようと、けなげに努力を続けるわけですね。あなたも、このような経験があるのではないでしょうか。私には、青春時代の甘酸っぱい思い出として記憶されています（笑）。

じつは、これは、れっきとした法則です。**私たちは、好きになった人のことを理解したいと無意識のうちに思う**のです。だから、私たちは、好きな人のことを、いろいろと知りたい、もっと理解したい！　と強く思うのです。

相手の人を理解しようという心の姿勢を常に、自分が持っている。このパワーこそが、自分が相手に対して、ちゃんと好感を持っているということを、伝えるためのとても重要な武器であり、ポイントです。

なぜなら、**あなたのその想いと姿勢は、相手の人と、その人生を心から愛している証を意味することであり、必ずや具体的な思いやりの行為となって表れてくる**ものだからです。

私たちは死ぬまでの間に、自分と、自分の人生を、心から愛してくれる何人の人と出会えるでしょう? きっと、両手で数えられるくらいの人にしか出会えないのが普通ではないでしょうか?

ならば、私が、この本を読んでくださっているあなたのその数少ない一人でありたいと思うのです。これが、私が今この本を書いている理由のひとつでもあるからです。

この項の最後に、あなたにお願いしてみたいことがあります。

それは、「ぜひ、あなたも身近にいる誰かのその数少ない一人になってみてほしい!」

ということです。

相手を理解することは、相手の人と人生を愛することと同義語なのです。

ポイント

相手を理解する姿勢を持ち続ける秘訣は、相手を好きになること

マインド力⑧

「必ずサポートさせていただく」という信念の力

あなたは、これまでの人生の中で、誰かにサポートしてもらったことがありますか？ あるとしたら、それはあなたが、何歳で、何をしているときでしたか？ また、そのとき受けたサポートは、どのようなサポートでしたか？

よかったら今度、お時間があるときにでも、生まれてからこれまでの人生を、時系列順で振り返って、思い出してみてください。そのときは、次に挙げた①〜⑩の項目を参考にして、なるべく具体的に思い出してみてくださいね。

①生まれてから幼稚園・保育園に入園し、小学校時代。②中学校時代。③高校時代。④専門学校・短大・大学時代。⑤成人式。⑥就職、社会人になって3年目頃まで。それ以後。⑦結婚。⑧子どもの誕生。⑨子どもの成人式。⑩子どもの就職・結婚。

さあ、これまで何人の人が、あなたとあなたの人生をサポートしていたでしょうか？あなたのことを折に触れてサポートしてくれた人の名前を思い出してください（複数可）。名前を思い出したら、一人ひとりに対して湧いてきた思いを、しっかりと味わってみてください。そして、心の中で、一人ひとりにぜひ感謝の気持ちを伝えてみてくださいね。きっと、これからのあなたに、素敵なことが訪れると思います。

私が特に大切にしている座右の銘をひとつご紹介します。それは、**「感謝する気持ちが必ずや未来を切り拓く！」**という言葉です。

自分の幸福な未来を拓くカギは、感謝する心だということですね。これは、未来の扉を開いていくときの普遍的な成功法則でもあります。

さて、私が今のワークに取り組んだときのことを、少しお話ししたいと思います。ワークを進めていく中で、何回も出てきた名前が、じつは両親でした。とくに、母の名前が繰り返し出てきました。

この事から気がついたことは、**母親の大きくて深い愛です。母親のサポートの力が、私の人生をいかに支えてくれていた**のかということが、わかりました。あらためて、「お母さん、本当にありがとうございました。あなたの子どもで幸せでした」、このように、心からの感謝を捧げました。

この項のテーマは、「あなたを必ずサポートさせていただくという強い信念」です。あなたには、この言葉の奥に、どのような景色が見えますか？

私には、どんなことがあっても逃げない。どんなことがあっても信じている。

そして、どんなことがあってもいつも寄り添っている。そんな、子どもに対する母親の愛にも似た強い決意と覚悟、無条件の愛の姿が見えてきます。

現在、地球に何十億人もの人がいる中で、ご縁をいただけたのが、唯一無二の存在である目の前にいる「あなた」なのです。私にとって、そんな大切な大切な存在が「あなた」です。偶然はありません。だから、無条件です。

「あなた」というたった一人のクライアントの可能性を、幸福な人生と未来を、心の底から信じる。１２０％信じきる！

この無条件の覚悟という名の愛が、「確信波動（愛のエネルギー）」となって、必ず相手の方の心に伝播していく、と私は信じています。

この**確信波動こそが、セールスを不要にするエネルギー**であると分析しています。

あなたも、どうか、クライアントや、大事な友だちの可能性、幸福、明るい未来を１２０％信じ切ってみてください。信じ切る力を磨き続けてください。

この「信じ切る」というトレーニングを続けていくうちに、気がついたら、いつのまにかあなたも、セールス不要のセールス（ビリーブセールス®）で、無理なく自然に成約率が上がっていると思います。

そのために**何よりも大切なことは先ず、自分自身の可能性を信じ切る**ということです。1 2 0％信じ切ってくださいね。そうすれば、**クライアントの可能性を1 2 0％信じ切ることができます。**

どんなことがあっても、自分自身とクライアントの未来が明るく開けていくことを、どこまでも信じてください。信じぬいてください。

なぜなら、あなたとクライアントの幸福な未来は、あなた自身が幸福な未来を、1 2 0％確信するところから始まるからです。

ポイント

必ずサポートするという強い信念の奥には母の愛がある！

マインド力9

「ゴールの先にある未来」を応援する力

あなたが、目標設定をするときに、意識することは何ですか？　たとえば、目標の設定の日程をいつにするか？

一年後、二年後、それとも余裕を持って、三年後にしたほうがいいかなあとか。このように、**目標達成する期日を意識している方**もいるでしょう。

または、目標の中身をできるだけ具体的にしたほうがいい。あるいは逆に、後で応用が利くようになるべくアバウトな感じにしておいたほうがいい。など、**目標の立て方を意識している方**もいると思います。

さらに、目標設定する限りは、必ず達成できる内容にする。否、せっかく目標を立てるのならば、今この時点で達成できるかどうかはわからないけれど、チャレンジしたい夢や、叶えたい夢を目標にしたほうがいい、等々。

達成すること自体が目的の方や、チャレンジすることに目標設定の価値を置いている方など、目標設定するとき、何を意識しているのかは、人それぞれ違うものなのです。

さて、あなたは、「達成可能な目標設定の仕方」があることをご存知でしょうか？　それでは、その方法について、簡単にお話ししてみたいと思います。

●達成可能な目標設定

じつは、大きく2つのポイントがあります。

1つ目は、**「スマート（SMART）ルール」**と呼ばれているものです。

Sは、Specific の頭文字で、**具体的**であることを意味しています。

Mは、Measurable の頭文字で、**測定可能**であることを意味しています。

Aは、Achievable で、**達成可能**であることを意味しています。

Rは、Related の頭文字で、自分の**価値観**に基づいていることを意味しています。

Tは、Time-bounded の頭文字で、**期限・締切日**があることを意味しています。

これら5つのルールを意識して、目標設定することが、達成可能な目標設定であると言われています。

2つ目は、立てた目標が、あなたの**「感情」に紐づいている**ということがポイントです。具体的には、**「あなたが立てた目標が、仮に見事に達成したとしたら、そのときのあなたの心には、どのような感情が湧いてきているか？」**ということです。

ここで、ちょっと一年後の目標を立ててみてください。そして、その目標が、達成したときの自分の感情をイメージして味わってみましょう。

どのような感情が湧いてきましたか？「やった〜！」という嬉しい充実感でしょうか？それとも、踊り出したいほどのワクワクした喜びや幸福感でしょうか？

もし、イメージの中で、あなたが、このような喜びあふれる感情を味わっていたとしたら、あなたにとって、この目標は、目標設定していいということを意味しています。

つまり、**達成後の感情が、自分の喜びや幸福の感情と紐づいている目標は、達成する可能性がかなり高い目標**であると言えます。

その目標を達成することで、あなたの人生は、どんどん幸福になっていきます。

また逆に、その目標の達成後に、あなたが、なんのワクワク感や喜びも感じられなかったとしたら、その目標は、あなたにとって、目標にしてはいけないということを教えてくれています。

その場合は、今すぐに、もっとあなたにふさわしい目標設定をしてみてください。

さて、この項のテーマは、「目標設定について」ではありません。相手の「ゴールの先にある未来」つまり、あなたが、目標達成したその先の未来を応援する気持ちです。

あなたが、**本気でビジネスに成功していくためには、クライアントのゴールの先にある光り輝く未来を応援する気持ちを持つ**ことがどうしても必要です。

ゴールの先にあるクライアントの素晴らしい人生と未来をずっと応援する、一生応援する！

そのような静かだけれど熱い情熱を秘めている、誠実で愛深い思いが、必須条件であるということです。ゴールの先にある、希望に満ちた素晴らしい未来を応援するあなたの本気の気持ちが、相手の心に伝わり、さらに深い信頼関係を築くことができるのですね。

その結果、ほかの人ではないあなたを、無意識のうちに自然と選んでくれるわけです。

ポイント

ゴールの先にある未来ビジョンの中に花束を持ったあなたがいる！

マインド力⑩

「お客様の幸福＝自分の幸福」という考え方を持つ力

いよいよ、第1章の「マインドセット」も最後の項になりました。これまで、あなたには、9個のマインド力をお伝えし、体得していただきました。

今、何かあなたの心の中で、マインドの変革が起こっていますか? 変化があったとしたら、どのような変化がありましたか。少し感じてみましょう。

さて、この項のテーマは、「お客様の幸福＝自分の幸福」という考え方です。このテーマを見て、どのような感想を持ちましたか。

「お客様の幸福は自分の幸福と同じ、一緒である、なんて、あり得ないことだ」「それは、きれいごとだ」といった感じの感想を持たれた方もいると思います。

または、なぜこの考え方が、ビジネスが成功するのに大切な考え方なのだろう? と疑問に感じた方もいたのではないでしょうか?

この**「お客様の幸福＝自分の幸福」という考え方は、あなたが、これからビジネスや人生で、継続的な成功と勝利を、手に入れるためには、どうしても必要な考え方**であり、身につけてほしい必須項目です。

たしかに現在、私たちが暮らしている社会では、1ピース12枚のパイのうち、誰かが1

枚食べたら、一枚減って残りは11枚になる、というような「パイの取り合い的な発想」が、主流になっているので、「お客様の幸福＝自分の幸福」といった考え方は、なかなかわかりづらいかもしれません。

でも、今、ここであなたにお伝えしている世界は、「あなたが、パイを食べても、今日のパイの全体量は変わらず、減らないよ。むしろ、増えていることもあるから、安心してお友だちにプレゼントしてあげてくださいね」という世界なのです。

私は個人的に、地球全体が、このような世界になったら、どんなにハッピーで平和な世界になるだろうと、常々思いながら暮らしています。

「成功者は、成功するマインドセットを持っている」とお伝えしました。今まで9個のマインドセットについてお話ししてきました。

その**成功マインドの中でも、最も重要なマインドセットのひとつが、この「お客様の幸福＝自分の幸福」という考え方であり、法則**です。

なぜ法則と言えるのでしょうか？　それは、現在、世界中の方から、成功者であると認定されている方たちが、この「お客様の幸福＝自分の幸福」というマインドセットを持っているからです。

たとえば、かの有名なヘンリー・フォードもしかり。当時、お金持ちしか乗れなかった車を、多くのファミリー層の休日が楽しい時間になるようにとの熱い願いから、あの黒いワンパターン車と言われた比較的安価な車を開発し、家族連れの皆さんに、幸せな休日をプレゼントしてくれました。

また、鉄鋼王として名を馳せているアンドリュー・カーネギーの質問に、29秒間で即答し、世界中に成功哲学を拡げたナポレオン・ヒルもしかり。

そして、日本においては、便利な電化製品を広く民間に提供することで、豊かで快適な暮らしを、多くの人にもたらした松下幸之助氏、等々、名前をあげたら切りがありません。

つまり、あなたがこれから先、**「ビジネスの成功者となり、人生の勝利者となるために**

は、自分の幸福や成功のみを目標にしてはならない」ということです。

自分が豊かな生活を送るためだけに、仕事の発展を望み、儲ける事のみに、あなたの大切な時間を使わないでください。

自己中心的な考え方でビジネスをしていても、もちろんある程度の成功を収めることはできるかもしれません。しかし、10年、20年というスパンで見た場合、その成功は一時的なものであり、継続できないというのがほとんどです。

「お客様の幸福＝自分の幸福」という考え方を持っている人からは、安心感と豊かさの波動（メロディー）が流れています。

この人の傍にいたい。この人と一緒にいたら、なんか幸せ。いつも元気になれる。勇気をもらえる。いいことがある気がする……こんなふうに、まわりの人たちは思うのです。

その結果、気がついたらまわりには、次から次へと、たくさんの人が集まってきている、こんな状況があなたに起こってくるわけです。

自分だけが成功してお金持ちになっても、なんか嬉しくありませんよね。自分をこれまで支えてくれた兄弟姉妹、友人たちが幸福だから、自分も最高に幸福感が味わえるのです。

あなたが、継続した成功を望むなら、「お客様の幸福＝自分の幸福」というこの考え方を大切にしてください。ぜひ、自分の人生をつくっている価値観の中に、この考え方を取り入れてみてください。

必ずや、人生のターニングポイントになると思います。

ポイント

成功者は、お客様の幸福な未来の姿を宝物として抱きしめている

STEP2

商品の見極めポイント

「自分の商品は売れるのか?」を見極める

見極め力①

「自分のやりたいことだけ」を商品にしていては成功しない

●なぜ、「見極め力」なのか

もしかして、今のあなたは、自分のやりたいことだけを商品にしていませんか？

ステップ2では、**「自分の商品が売れるのかどうか？　を見極めるポイント」**をお伝えしていきたいと思います。

なぜ、このテーマを選んだのかというと、**ビジネスの成果が思ったように上がらない理由・原因を、「集客力がない！」ことにのみ求めている人がけっこう多い**と、日頃から感じていたからです。

あなたは、自分のビジネスの成果が思ったように上がらないとき、その原因をどこに求めることが多いでしょうか？　たしかに、集客力が弱いことが原因で、商品が売れず、成果に結びつかないということも実際にはあります。

●集客力は永遠の課題

ただ、私のまわりでは、こんな光景もよく目にしていました。それは、本人が、ビジネスの成果が上がらない理由・原因を、集客力がないことであると思い込んでいるため、集客力を上げる講座をいくつも受講するという光景です。

ひとつ目で効果が出なかったら、また別の講座を受講するといった感じですね。これを繰り返している方も、けっこういるようです。

もちろん、集客力を上げるという課題は、経営者にとっての永遠の課題であることは間違いありません。

しかし、ちょっと冷静に考えてみてください。本当に集客力がないことだけが原因で、あなたのサポート商品は売れないのでしょうか？　ビジネスの成果が出ないのでしょうか？

他にも何か見落としている原因はないでしょうか？

商品が売れない理由と原因を発見し、解決することで、あなたのビジネスは、発展に向かってスムーズに動き出すのです。

ステップ2では、あなたのビジネスの発展を阻害している原因を、11個の見極め力ポイントとして絞り、解決するための考え方や方法等を、共有していきたいと思います。

●商品のつくり方

さて、そのひとつ目が、**「自分のやりたいことだけを商品にしていては成功しない」**です。

最近、よく目にするキャッチコピーに「自分のやりたいことで起業して、自由なライフスタイルを手に入れ、豊かな生活を送りたいと思いませんか？」という感じの魅力的なフレーズがあります。きっと、多くの人が憧れる理想的な仕事の仕方と暮らし方を提案しているのだと思います。

確かに誰もが憧れる魅力的なライフスタイルですね。けれど、ビジネスが成功するには、成功するだけの理由があるのです。

あなたの**商品が、世の中で売れるには売れるだけの理由と法則がある**のです。

つまり、ビジネスや商品が、人の感情のニーズや時代のニーズに合っていなければ、その時代にはあなたの商品を必要とする人、欲しいと思う人はいない、ということです。これが、現実です。

したがって、「商品が、人やその時代のニーズに合っていない！」ことが、あなたの商品が売れない理由・原因になっていないかどうか？　今一度この点を確認することをお勧めします。

参考までに、次に7つのチェックポイントを載せましたので、ぜひご活用ください。

●商品確認7つのチェックポイント

①自分のやりたいことばかりがサポートの内容になっていませんか？
②お客様が、どうしても欲しいと思う内容でしょうか？
③お客様が、今必要としている内容になっていますか？

④お客様の悩みが解決する内容になっていますか?
⑤1年後、3年後の未来が、明るく開けていくことを感じるワクワクする内容ですか?
⑥時代のニーズとマッチングしていますか?
⑦今の時代に生活している人々の感情のニーズに合っていますか?

結論としては、**「自分がやりたいことだけをサポート内容にした商品は売れない」**ということです。

では逆に、売れる商品とはどのような商品でしょうか?

売れる商品とは、お客様の立場に立って開発・構築した商品です。その商品を使ったら、自分の望む未来が手に入る。自分の悩みが解決して、今よりも幸福な毎日になる。そんな商品であれば、どのような時代でも、必ず喜んで買っていただけます。お客様の求めることを、サポート商品にしましょう。

ポイント

人が求めるものを常にリサーチして商品化する

見極め力②

「マーケット」のあるところでやっているか

「マーケット」という言葉を聞いたことがありますか？

ビジネスの現場で、マーケットの話題が出たときに、よく使われているたとえ話を紹介します。有名な話ですので、聞いたことがあるかもしれませんね。

●自分のタイプを知る

「靴を売るセールスマン」の話です。

ある靴メーカーの2名の営業担当者が、アフリカの未開の地に派遣されたときのことです。2人が赴任したときには、アフリカでは、現地の人々はまだ誰も靴を履いておらず、裸足で生活をしている状況でした。

その状況を見て、一人の営業担当者は、会社にこう報告したそうです。「現地の人は、みんな裸足で生活しています。靴を買おうなんていう人は誰もいません。ここにマーケットは一切ありません」

もう一人は、次のように報告しました。「すごいです！　ここは物凄いマーケットです。だって、まだ誰も靴を履いていないんですから！」

ここで質問です。あなたは、この2人の営業担当者の話を聞いて、どの様な感想を持ちましたか？

このたとえ話から学べることは、前者のように、現状をマイナス思考で分析し把握する傾向性のある方と、後者のように、プラス思考で分析し把握していく人とでは、まったく真逆の分析と見方・結論になってしまうということです。

一人はビジネスチャンスを逃し、もう一人はビジネスチャンスをつかんだ。非常に興味深いですよね。

さて、あなたは、どちらのタイプでしょうか？

自分の傾向性・タイプを確認しましょう。なぜなら、自分のタイプを知ることが、あなたのビジネス成功への近道だからです。

自分の傾向性を知ったうえで、この場所に自分のマーケットがあるかどうかを、分析・判断してください。

●マーケットはつくれる！

さて、もう「マーケット」という言葉の意味が、わかったことと思います。**マーケットとは、「市場」という意味です！**

自分の商品を、多くの人に届けることができる場所（市場）なのか？

自分のサービスを、必要だと思う人が多くいる場所（市場）なのか？

あるいは、自分の商品・サービスが必要だと思ってくれる人を増やすことができる場所（市場）なのか？　ということを、正確に見極める力が必要です。

つまり、**マーケット（市場）とは、あなたの商品やサービスを購入しようとしている人、**

または今後購入する見込みのある人が集まっている場所のことです。

ここでお伝えしたい重要ポイントは、**「見込みのある」**という点に関してです。

先ほどの「靴を売るセールスマンの話」でもわかるように、この話のポイントは、アフリカの土地が、これからの自分の顧客になりそうな人が生まれてくる**「見込みのある」土地（場所）であるのかどうか？**　または、**「見込みのある」場所につくり変えることができるのか？**　という点ですよね。

この「見込み」の部分を、どう見極めていくことができるかで、今後のあなたの事業の発展は大きく変わっていくことになります。

またある意味、**「マーケット（市場）というのは、つくっていけるものだ」**という認識を持っていてもよいかもしれません。

ぜひこの機会に、あなたも自分の商品・サービスのマーケットはどこなのか？　また、どこの誰なのか？

今一度、考えてみてみましょう。対象者の明確化がポイントです。

ポイント

マーケットとは、見込みのあるところ

見極め力③

「対象者」が明確になっているか

「あなたの商品は、何歳のどのような悩みを持っている方に向けたサポート商品ですか？」

こう聞かれて、直ぐに答えられますか？

即答できる方は、自分の商品のサポート内容が具体的になっていると思います。なぜなら、それは、商品を提供する方、対象者の悩みや問題点が明確になっていることを意味しているからです。

つまり、商品の届け先（対象者）の悩みや問題点が、明確で具体的になっていればいるほど、サポート内容もしっかりと具体的になっており、お客様に喜ばれる商品になっているからです。

したがって、**対象者と対象者の悩みや問題点が明確でなく、なんとなく抽象的である。または、あまり具体的になっていないままでつくられた商品は、届け先のない商品**ということです。

この点は、自分の商品が、売れるかどうかを見極めるときの、非常に重要なチェックポイントになります。ぜひ、丁寧に確認してみてください。

次に、あなたのサポート商品の理想の対象者を明確にする場合の12のポイントをあげますので、参考にして具体化してみてください。

●理想のペルソナ（お客様）を決めるときの12の必須ポイント！

あなたの商品の対象者はどんな人・どんな悩みを抱えている人ですか？

①性別は？
②年齢は？
③職業・趣味は？
④独身、家族あり？
⑤家族ありだとすると、家族構成は？
⑥ご主人（奥様）の年齢と職業は？
⑦お子様の年齢と状況（大学生、高校生等々）は？
⑧年収は？
⑨悩みは、どのような悩みを持っているか？
⑩今、一番解決したいことは何か？
⑪一年後、どうなりたいと思っているか？
⑫三年後、どのような生活を送りたいと思っているか？

さて、対象者を具体的に設定することで、どのようなよいことがあるのでしょうか？

たとえば、**対象者に届けるメッセージを、具体的につくることができます。**それによって、対象者に「より響くメッセージ」をつくることができます。

さらに、メッセージを具体的にすることで、対象者と同じ価値観を持った人や、似た悩みを持った人、そして同じような環境や状況の人の心にも必ず響きます。

ちょっと考えただけでも、こんなによいことが思い浮かびますね。ぜひあなたも、商品をお届けするお客様の顔が、具体的に見えてくるまで、じっくりと考えてみてください。

お客様の顔が見えてくると、どんな「メッセージ」を書けばその人に響くのかが具体的にわかります。

お客様の顔が見えれば、どんな「サポート」を商品に入れれば喜んでもらえるのかが具体的にわかります。

そして、あなたの商品を必要としてくれているお客様が「どこにいるのか」が見えてくるのです。だから、あなたの広告先や広告媒体等がどこなのか具体的にわかります。

このように対象者を明確にするだけで、結果的にあなたの商品のマーケティング戦略が見えてくるのです。
ぜひ、対象者を具体的にしましょう。

ポイント

たった一人の心に強く響くメッセージは、必ず拡散する！

見極め力④

「対象者の悩み・問題点」の分析ができているか

この項では、前項の見極め力③「対象者が明確になっているか」の項から繋がる非常に重要なチェックポイントを共有していきます。
あなたの商品が売れる商品になるための重要なポイントです。さらに具体的に取り上げていくことにします。

「あなたの商品は、どんな人のどのような悩みや問題点を解決することを目的としたサポート内容ですか？　1分間で説明してみてください」

こう言われて、あなたは1分間で、どのくらい明確に説明することができますか？

お客様の悩みや問題点を、どれだけ具体的に把握しているかが、あなたの商品のブラッシュアップに直結します。ですから、常にアンテナを張って、対象者の悩み、苦しみ、困りごと、問題点に対して、意識を向けておくことが重要です。

つまり、**対象者の悩みや問題点が何なのか？　それを明確に把握していれば、あなたの商品は、常に人々に必要とされる商品となります。**

また、視点を変えて考えてみると、人々が抱えている悩みや、苦しみ、解決したいと思っている問題点が明確に把握でき、しかもその解決策をそれぞれ商品のサポート内容として、提供することができれば、その一つひとつの悩み・苦しみ、問題点は、単なる困りごとから転じて、人々に幸福と喜びを生む宝物となります。

このように考えると、**ビジネスの発展にとって、対象者の悩み、問題点を分析すること**

は、**大変重要**なことだということです。

あなたが、本当にビジネスの発展を願うのなら、対象者の悩み、苦しみ、問題点をリサーチし、分析することを続けましょう。

また、すでにあなたが、サポート商品を持っている方でしたら、対象者の悩み、苦しみ、問題点をつねにリサーチし、その悩みや問題点の解決策を、新たなサポート商品として、または、今あるサポート内容のブラッシュアップの機会として捉えて、皆さまに提供することを繰り返してください。

そして、もしあなたが、これから初めて、サポート商品をつくろうとしているなら、まず対象者を一人決めてください。

そこから、この対象者が、どんな悩みを持っているか？　その対象者が抱えている問題点は何か？

そして自分は、どこまでその問題点に対して、解決してあげられるのかをじっくり考えて、サポート商品を構築してみてください。

つまり、あなたが、ビジネスで成功し発展し続けるためには、どうしても対象者の悩み、問題点の分析は常時、必須条件だということです。これは、大前提です。

この部分の適正な分析力が、あなたの商品が売れる商品かどうかを見極める最重要ポイントのひとつと言っても過言ではないでしょう。

ポイント

売れる商品の秘訣は、お客様の悩みの分析と解決策のニーズ

見極め力⑤

「オリジナリティ・差別化」が明確になっているか

●ブランドとは、自社の商品と他社の商品やサービスを識別させるもの

特にここ1~2年、「ブランド力」とか「ブランディング」という言葉をよく耳にするようになりました。

あなたが、「ブランド」という言葉を聞いて、最初に思い浮かべるものはなんですか？

たとえば、バッグの好きな人でしたら、エルメス、ルイ・ヴィトン、グッチなどが思い浮かびます。

ほかにも、高級車、宝石や時計、また普段履いている靴や洋服、いつも通っている美容室、そして、自分が日頃飲んでいるミネラルウォーター等々、現在では、ありとあらゆるものがブランド化されています。

この「ブランド」とは、いったい何なのでしょうか？　何を意味し、何を目指しているのでしょうか？　ここで少し、ブランドの由来を共有したいと思います。

今からだいぶ昔の話です。

牛を飼うことを生業にしていた人たちがいました。その人たちは、毎朝、自分が飼育している牛たちを連れて、山に放牧に行っていたのです。

ところが、どの牛が自分の家の牛なのか見分けがつかなくなる、という問題が発生しました。そこで、困った牛飼いたちが発明したのが、「焼印を押す」ということでした。

自分が所有する牛とほかの人の牛を、一瞬で見分けることができるようにということを目的にして、自分が所有する牛に、焼き印を押していったわけですね。これが、「ブランド」の由来だそうです。

つまり、**ブランドとは、「自社の商品と他社の商品やサービスを識別させるもの」**ということを意味しています。

この意味で、たくさんの商品が溢れている今日、マーケティングにおいて、ブランド化という流れは、ごく当然なことだと言えるでしょう。

また、ブランド化は、ビジネスの発展にとって、非常に興味深い重要な役割を担っていると言わざるを得ません。

つまり、あなたが事業・仕事を、さらに発展させていきたいと願っているならば、商品のブランド化にしっかりと取り組むことが大切です。


また、ブランドは、購入者である私たちが、商品を買うときにも、けっこう重視している要素のひとつでもありますね。

たとえば、電化製品を買うときにも、自分が買おうと思っている商品が、どこのメーカーなのか、ブランドを確認してから購入することが多いと思います。


このように、今やブランドは、単に他社と自社を識別するものという役割だけではなくなってきています。ブランドは、購入者が、商品を買う際の重要な要素のひとつだからです。

したがって、ブランドの構築は、あなたのビジネス発展にとって必須項目なのです。

●ブランドが確立すると、集客が必要なくなる！

では、ブランドを、どうつくっていけばいいのでしょうか？　正直なところ簡単に一口では言い表すことは難しいです。

でも敢えてお伝えするならば、あなたの世界観、あなたの価値観、あなたの生き方、あなたの在り方、あなたの美意識、あなたの理想の未来、あなたの夢と希望等々、それらすべてが組み合わされてでき上がったもの、それがあなたオリジナルのブランドだと言えるでしょう。

しかし、このブランディングこそが、これからの個人事業主及び、各企業の生き残りの戦略に繋がっていると言えるのです。

なぜかというと、**「ブランドが確立すると、ある意味で集客が必要なくなる」**からです。お客様が、自分から、あなたのもとにやって来るという状況が生まれてくるからです。この点は、あなたにも、まったく同じことが言えると思います。

したがって、ブランド化を目指すにあたり、あなたの商品が、**オリジナリティにあふれているか？　たくさんある似た商品の中で、他の商品との差別化ができているか？**ということを、まず確認してみてください。

結論から申し上げると、ブランド力とは、お客様が自分のブランドを認識してくれて、初めて「ブランド」としての役割を果たすということです。

このため、あなたが、新しくブランドをつくろうとして、新商品に名前をつけても、それですぐにブランドが生まれるわけではないということです。この点は、注意が必要です。

また、自分がブランドと思っても、市場から他の商品と何の区別もされていないのであれば、それはブランドとしての役割を果たしていないということなのです。

ぜひ、その視点を忘れずに、他の商品やサービスと差別化するための名称、商標、標語、言葉、メッセージ、デザイン、シンボル、ロゴマーク、イメージ、音楽等々をつくっていきましょう。

ポイント

ブランドとは、あなたの世界観、価値観、夢が詰まった宝物

見極め力⑥

「お得感」あるサポート内容、特典、価格であるか

あなたは今までに、何回「お得感」というものを感じた経験がありますか？　そして、それはどんなときでしたか？

たとえば、いつも定価で買っていた化粧品が、たまたまセールで半額になっていたときとか。いつも利用している美容院で、いつもと同じコースを頼んだら、プレゼントとして、3カ月間有効の10％割引クーポン券がついていたときとか。

きっとこんなときに、あなたは、お得感を感じたのではないでしょうか？

お店側の視点から見たら、お得感を出して喜んでいただくことで、どのようなメリットがあるのでしょうか？

たとえば、リピーター率が上がったり、客単価が上がったり、または、新規顧客の獲得

につながったりしていきます。

そういう意味では、**「お得感を出すということは、お店にとっての成果につながるアプローチツール」**であるとも言えるわけです。

そして、これらのお得感というのは、お客様にとっては偶然に出会ったと感じられているものだと思いますが、じつは、**「お客様のさらなる幸福を願い、お店側が意図して準備し用意した結果であり、その成果である」**ということなのです。

つまり、あなたの商品に、お得感を出す究極の目的は、**「お得感でお客様に喜ばれ、ちゃんとあなたのサポート商品を選び使うことで、さらに今よりも何倍もお客様に幸福になっていただく」**ということです。

したがって、お客様に喜ばれるために、心を込めて自分の商品にお得感をつくっていくことがとても重要です。

あなたが、**「心を込めて用意したお得感の先には、成約＝お客様の明るく幸福な未来が**

ある」という事実を、あなたは、お客様の笑顔とともにビジョン化してください。
6個目にお伝えした見極め力は、あなたがお客様の立場で見たときに、現在のあなたの商品は、お得感満載でしょうか？ です。ぜひ参考にしてください。

ポイント

お得感は、お客様のさらなる幸福を願って用意する

見極め力⑦

100回でも同じ話ができるか

この項では、商品が売れるかどうかを見極めるときに、つい見落としてしまう盲点のひとつについて、お話ししたいと思います。
あなたは、**「情熱という名の素晴らしい成功法則」**があるのをご存知でしょうか？

この成功法則の背景には、じつは、**「使命感」**があります。「使命」とは、文字どおり「命を使う」という意味です。

自分の命、即ち、人生をかけても自分に与えられた役割を果たすという積極的な意志を表している強い言葉です。

このような覚悟と強い熱意があれば、どんな障害物と見えたものが前に現れたとしても、「障害物は飛び越えるためにある」と前向きに捉えて、乗り越えていくことができます。「さあ今度は、どうやったら解決できるかなあ」と、ワクワクしながら知恵を出し工夫して、乗り越えていくでしょう。

もうひとつ「使命感」と似た言葉に、**「責任感」**があります。

この「責任感」も「使命感」と同じように、何かをやり遂げようとするときの気持ちを表している言葉ですが、この二つの違いは、**「使命感」がポジティブな感情**を表しているのに対して、**「責任感」は、もう少しネガティブな感情に対して使われる言葉**だということです。

たとえば、「やらなくてはならない」「ねばならない」的な感情ですね。


さて、「あなたは、同じ一人の人に、100回でも同じことを、毎回熱意を込めて話すことができますか？」と質問されたら、どう答えるでしょう。

「できます」と即答したあなたは、素晴らしいです。きっと使命感に裏づけられ、日々情熱を持って仕事をされている人だと思います。

「う〜ん、どうかなあ？」と正直に答えたあなたは、もしかしたら、今は「責任感」で仕事をされている、正直で真面目な人だと思います。


これは、どちらが正しいとかという話ではありません。ただ、「責任感」中心で仕事をしている場合、ときどき心の状態が辛くなることがあるかもしれません。

なぜなら、やらされ感があるからです。

一方、「使命感」でしている場合は、自らの積極的な意志でしているので、心に張りがあって、生き生きとしています。

もしあなたが、辛いと感じることがあったら、それは、自分にむいていない仕事をしているということを意味するのではなく、現在、「責任感」を感じて仕事をしている状態なのだと理解して、マイペースでやることを心がけてください。

そうすれば、今の仕事を、長く楽しく続けることができると思います。

なぜこのような話をお伝えしているのかというと、**「情熱を持って仕事をする」ことが、じつは、あなたの商品を多くの人にお届けするうえで、きわめて重要**なことだからです。

お客様に商品が届く前提には、必ず、あなたの熱い情熱があるということです。

これは、**あなたのビジネスが成功し、人生に勝利するためにとても大切な法則**なのです。

ぜひ、この成功法則を心に留めておいてください。

情熱を持って仕事をすることが、成功法則だと言われても、実際には直ぐに「使命感」を持つのは難しいものです。また、いきなり言われて、すぐにできるものではありませんよね。

でも心配無用、大丈夫です。あなたは、ちゃんとできるようになります。

なぜなら、あなたのサポート商品を使っている人が、あなたの目の前で、みるみる笑顔になり、どんどん幸福になる姿を見続けていくうちに、あなたは、そのお客様の変容する姿に感動し、たまらなく嬉しくなってしまうからです。

そして、気がついたら、あなたの中の「責任感」がいつの間にか、「使命感」に変わっているからです。近いうちに、そんな素敵なあなたに出会うことになるでしょう。どうぞ、今から楽しみにしていてくださいね。

ポイント

「情熱」のある商品は、多くの人に届く！

見極め力⑧

商品を受け取る前と、後に訪れる「未来」の差が明確になっているか

お客様の一番の興味・関心ごとは、なんだと思いますか？　それは、誰に聞いてもたったひとつのことです！

「自分がこの商品を使ったら、その後どんなよいことが自分に待っているのか？　自分はどう変われるのか？　何が得られるのか？」

ということです。

はっきり言うと、**お客様は、商品を使った後の自分の素晴らしい未来の姿にしか興味・関心がない**のです。それはそうですよね。商品を購入する側のお客様の立場に立って考えてみたらわかることです。

じつは、この事実を、ほとんどの人は知っているはずなのに、なぜか理解していない人が大変多いのです。これは残念なことだと思います。

また、それが原因で、自分の商品が必要としている人に、なかなか届けられずにいるということに、気がつかない人が多いということも、非常にもったいないことだと思っています。

あらためてお聞きします。

・あなたの商品を使ったら、お客様には、どんな良いことがあるのでしょうか？
・そして、どこまでお客様が望む未来へお連れすることができますか？
・あなたは、今、その素晴らしい未来を、お客様にお見せすることができているでしょうか？
・未来の幸福な生活や笑顔で輝いている姿を、ワクワクしながらイメージすることに成功しているでしょうか？

ここが、この項の重要なポイントです。

もしかして今のあなたは、「自分の商品が、いかに素晴らしい商品であるのか」ということを説明することに注力してはいませんか？

また、「プレゼン用の完璧な資料作成＝高い成約率！」と勘違いして、必要以上の資料づくりにこだわり、はまってはいませんか？

ぜひ、一度確認してみてください。お客様が、商品の購入を決める最重要ポイントは、そこにはありません。お客様は、商品を購入するのではなく、その先にある「未来」を購入するのです。

ですから、あなたの商品を使った後、お客様にどんなよいことが待っているのかを、具体的にありありとイメージできるように、豊かで楽しいイメージングの時間を設けて、その世界に誘っていきましょう。

そして、そのイメージングの中で、望みを叶えて幸福になっている未来の自分の姿を、確実に未来に起こる事実として今、その場でしっかりと受け取っていただくことが大切です。

このときの重要ポイントは、**「すでに未来で起こっている事実として、今ちゃんと味わ**

えるかどうか」です。

つまり、**未来の現実を、今受け取り、味わっていただくこと！　それが、できるかどうかが、とてもとても重要**です。成約率が高い人の特徴もここにあります。

今の自分の状態と、大して変わらない未来を、お金を払って、手に入れたいと思う人がいるでしょうか？　誰一人としていないでしょう。

あなたの商品を使って、どうしてもあの未来を手に入れたい！　と思ってもらえるように、**ベネフィットを明確**にして、しっかりとお客様に伝えることです。

ポイント

望みを叶えた未来の現実を、今味わってもらう！

見極め力⑨

自分の心の中に、セールスへの「苦手意識」がないか

あなたの商品が、どんなに素晴らしい商品であったとしても。

あなたの商品が、どんなに役に立つ商品であったとしても。

そして、たとえあなたの商品が、どんなに人を幸福にすることができる商品であったとしても……。

もしあなたの心の中に、**セールスに対しての罪悪感があったとしたら、あなたの商品は、決して世の中に出ていくことはありません。**

あなたが、ビジネスでの成功を望んでいるのであれば、この事実を決して忘れないでください。

「じつは、セールスが苦手なんですよね～」

私は5年間に、この言葉を、おそらく5～600回以上聞いていると思います。そのく

らい世の中の多くの人は、セールスへの苦手意識を潜在的に持っているということです。

苦手意識を持つに至った理由・原因は、人それぞれあると思いますが、セールスに苦手意識を持っている人たちの共通概念としては、次のような点があげられます。

・セールスは、人に無理やり押売りする。
・セールスは、人を不幸にすることがある。
・セールスは、人間関係をこわしてしまう。
・セールスの仕事をしている人は、自己中心的な人が多い。
・コミュニケーションを取るのが不得手。
・友達が少ない。
・話下手である。等々。

このように、理由をあげていたら、きりがないくらい次から次へとどんどん出てくるというのが、本当のところではないでしょうか。

このことは、自分や親、友人知人で、過去にセールスで嫌な思いをした経験がある人も多いということを表しています。かく言う私も、過去にセールスされて嫌な思いをしたという経験者の一人です。

しかし、冒頭でもお伝えしたように、**セールスへの苦手意識がある限り、商品を世の中に出すことができない**のですから、ビジネスで成功を目指すあなたにとって、これは何とか解決しなければならない最重要の課題です。

ここで、私からあなたに、ひとつの提案です。

それは、あなたの心の中にある**「セールスの定義を変える」**ということです。まったく真逆な定義に変えてしまうということです。今持っているあなたのセールスに対するマインドセットを変えてしまうのです。

つまり、**「セールスは、無理やり押し売りしたり、売りつけたりすることではなく、ましてや、大切にしたいと思っている人間関係を壊したりして、人を不幸にすることではない」**という定義に変えるということです。

私から提案する新しい定義を一言で言うと、**「セールスは、人を幸福にすることである」**というプラスの定義になります。

「セールスは愛であり、人を幸福にすること」

このように、あなた自身の心の力を使って、セールスの定義をマインドセットし直してみてほしいのです。

なぜなら、この**新しいマインドセットに切り替えることこそが、あなたの商品を世の中に広げていくときの大きな大きなエネルギーとなる**からです。

ではなぜ、セールスが愛であり、お客様を幸福にすることと繋がるのでしょうか?

それは、まず大前提に、セールスするあなたが、お客様の幸福と発展を心から願っている人である! という真実があるからです(お客様への愛の思いが前提)。

つまり、お客様の望む未来を、実現することができる商品を持っているあなたが、お客様に対して、本気で紹介・提案するのは、当然のことだからです。

今よりさらに、幸福になってほしいと心から願うあなたのセールスによって、お客様が、あなたの商品の購入を決めるということは、つまり、お客様が幸福になるチャンスをつかんだ！ ということです。

それは、**「お客様が、あなたの素晴らしい商品を使うことで、これまで以上に幸福な人生がお客様の未来に訪れる」**ことを意味しています。

今日ここで、セールスの定義を変えてください。

あなたの潜在意識にあるこれまでのセールスの負の定義を書き換え、マイナスのイメージをプラスのイメージに交換しましょう。

愛深いあなたのセールスに出会って、お客様の人生が変わる！ お客様の幸福な未来をつくるお手伝いができるのですから、最高に幸せですね。

ぜひ、これをチャンスに、セールスへの苦手意識を手放しましょう。

そして、あなたの素晴らしい商品を、ちゃんと世の中に出してあげてください。

ポイント

セールスへの定義を、お客様への愛の力でマインドセット

見極め力⑩

自分の心の中に、お金に対する「トラウマ」がないか

お金が好きですか？　と聞かれて、「もちろん、お金好きですよ！」と応えたあなた。

本当に、そうでしょうか？　本当にあなたは、お金が大好きですか？

「何でそんなに何度も聞くのですか？」と思われたかもしれませんね。

じつは、私の経験上、**顕在意識ではお金が好きだと思い込んでいても、潜在意識の中ではお金が苦手、嫌いというふうに思っている人がけっこういる**からです。

お金はたくさん持ってはいけないもの。お金は、生活できるくらいあればいい。お金は人を不幸にする。もしかして、あなたは心の底ではそう思ってはいないでしょうか？

また、もしかしたら、あなたには、自分の親が、

「金持ちは、悪いことをしているからたくさんのお金を持っているのだ」

「ずるいことをしなければ、あんなにお金を貯めることはできない」

「お金持ちは、悪い人に決まってる」

など、いつもそんなことを言っていたという記憶はありますか？　お金やお金持ちに対してのネガティブな言葉を聞いて、育ってはいないでしょうか？

もし、このような両親の元や環境で育った場合、潜在意識の深いところで、お金を否定していることが、かなり高い確率であるのです。

また、幼い頃に持ってしまったお金に対するマイナスのイメージが、潜在意識に入りこんでいるために、成長し大人になってからの自分の人生に、大きな影響を与えているという現実もあります。

たとえば、一生懸命に仕事をして稼ぎ、貯金もしている。けれど、お金がある程度の額になると、そのまま貯金していることができず、なぜか、何か出費することが起きて、結局お金がなくなるという状況を招いてしまうとか。

また、過去、信じていた人に騙されて、お金を失ったなどの辛く悲しい体験があると、それがトラウマとなり、お金を汚れているものと考えたり、お金に対して罪悪感を持ってしまったり、または、人からお金を貰うことができなくなったりするということが、人生に起こってしまうことも多くあるようです。

あなたの商品が売れるかどうかの見極め力ポイントの中に、「自分の心の中に、お金に対するトラウマがないか」を入れた理由は、あなたがこれから、**ビジネスに成果を出し発展させていくうえで、大変重要なポイントが隠されている**からです。

ここを解決しない限り、あなたが商品を販売する仕事で成果を出していくのは、かなり難しいのではないかと感じるからです。

私の経験上でも、お金に対する負のイメージを抱きしめている人には、共通して次のような症状が現れることが多いようです。

たとえば、

・自分の素晴らしい商品にも、価値に相応しい価格をつけることができない。
・自分の商品の価格を人に説明できないので、セールス自体ができない。
・4桁以上の代金を貰うことができない。
・人間関係が壊れる不安から、お金を請求することが怖い……等々。

あなたに思い当たることはありませんでしたか？　もし、ひとつでも思い当たることがあったという人は、スルーせずにこの機会に、理由と原因を見つけて、ぜひ解決しましょう。

あなたも、顕在意識ではよくご存知の通り、お金はそれ自体中立的なものです。お金は使う人の価値観、目的、使い方によって、素晴らしい価値を生み出したり、逆に、不幸を生み出す原因になったりします。

つまり、お金を持っている人の価値観、目的、使い方次第で、俗に言う「生き金」にも

「死に金」にもすることができるわけです。

この事実をまずしっかりと顕在意識で納得し、次に、潜在意識にも入れていきましょう。

実際は、日々の簡単なトレーニングがあれば克服することができます。


具体的なトレーニング方法としては、次の3つです。

1．お金に対する苦手意識の理由と原因を洗い出す。

2．その一つひとつに対して、正反対のプラス思考を使って、言葉や文章にする。

3．日常生活で、以前の負の感情・思考パターンなどが出てきたら、その都度、新しくつくったプラス思考の言葉や文章を積極的に使って、意識的に交換していく。

これら3つのトレーニングに丁寧に取り組んでいくだけで、気づいたときには、あなたの潜在意識にあるお金に対する苦手意識や負の感情・イメージは消え、さらに、プラスの感情とイメージができ上がっていることでしょう。

簡単ですので、思い当たる人は、ぜひ取り組んでみてくださいね。

ポイント

お金は、使い方を知っている人のところに集まってくる

見極め力⑪

自分のサポート商品の価値を誰よりも確信しているか

ここまで、自分の商品が、売れるかどうかを見極める10個の見極め力ポイントについてお伝えしてきました。

最後の11項目では、最も重要な見極めポイントを共有していきたいと思います。

最も重要な見極めポイント！　それは、じつはあなた自身が、**「自分の商品の価値を誰よりも素晴らしいと確信しているかどうか」**ということなのです。

つまり、自分の商品に対して持っている、この限りない自信こそが、あなたの商品が売れるか売れないかを決める最も重要な見極めポイントだということです。

自分の商品への自信が、今あなたにはどのくらいありますか？

また、ここまでは、自信を持ってお客様をお連れすることができる！ という明確なサポート内容への自信が、どのくらいあるでしょうか？

もし、まだあなたにこの自信がないという場合には、その原因として大きく次の3つが考えられます。

1つ目は、**メンタルが弱い**ということ。何かあるとその度に、精神的にぶれて、自分の軸がズレてしまうことです。そういった場合は、心の力や、心の法則などについて、学んでみるとよいと思います。

2つ目は、**サポート商品のコンセプトが、まだ抽象的**で、具体的かつ明確になっていないということです。その場合には、自分自身の人生を振り返って、強みや才能、本当にやりたいことをもう一度発掘してみましょう。

3つ目は、ただ単に**経験不足**。経験が極端に少ないので、よい意味でも悪い意味でも実績がないということです。この場合は、焦らずコツコツと、経験を積み重ねていくことに注力してください。

最も重要な見極めポイントですので、もう一度繰り返しお伝えします。

「自分自身のサポート商品が、お客様の望みを叶え、必ず幸福に導く商品である、と本気で確信していること！」

これが、あなたの商品が売れるかどうかを見極め、売れる商品に変わっていくときのすべての大前提です。

つねに、自分の商品に対して、今どのくらいの確信波動があるのか？　という心の声を感じるあなたであってください。

ポイント

確信波動は、信頼関係と成約率を高めるメロディーを奏でる

STEP3

マッチングポイント

「あなたに出会えてよかった！」と感謝される

マッチング力①

商品よりも、先ず「自分」を気に入ってもらう

●美容部員時代に売っていたものは「自分」

ステップ3では、**熱烈ファンが生まれる**ことの重要性について、あなたと共有していきたいと思います。

「商品よりも、先ず自分を気に入ってもらうこと」というポイントが、どうして、この項の最初なのか？　もしかしたら不思議な感じがしているかもしれません。

じつはこれは、私の体験から得た法則のひとつなのです。

20代後半の頃、私は自分が将来、何か大切なものを多くの人に伝える事をするのではないかと、なんとなく漠然とした思いを抱いていました。

なぜ、そのような思いを抱いているのか、当時の私にはわかりませんでしたが、ただただ

だ、このままの自分ではできない！　自己変革しなければ無理だ！　と、それだけはわかっていました。

ちょうどそんな頃、ちょっとしたご縁があって、ある化粧品メーカーの営業所で美容部員として働かせていただくことになりました。

自分では、自己変革することが目的で、飛び込む決意でしたので、心の中で期間は1年間と決めていました。

そのとき、いつも片手に持っていた本が、デール・カーネギーの『道は開ける』です。大変有名な著書ですので、あなたも読まれたことがあるかもしれません。

美容部員としての研修期間が終わり、その後は、毎日営業所に行きました。先ず必ずするのが、ロープレと言われているロールプレイング。

そして、業界では、飛び込みと言われていますが、アポなしで、いきなり初めて行くお客様の家のチャイムを鳴らして、美容と化粧品のお話をするわけです。

廻る場所は、初訪する地域を自分で決めてやる場合と、まったく知らない地域を決められてやる場合がありました。また、最終的には、池袋等の仕事中の事務所への飛び込みをするという体験もしました。

そんな体験の中で学び得た重要なマッチングポイントの法則のひとつが、冒頭にあげた**「商品よりも、先ず自分を気に入ってもらうこと」**なのです。

玄関のドアを開けてもらい、顔を合わせて1~2分間で、先ず自分に好感を持っていただくこと！　ここが第一関門です。

この**第一関門を合格点で通過できたら、「自分を気に入ってもらえた」と思ってもよい状態**だと言えます。

たとえば、私の場合を例にとるとこんな感じです。

「なんで、あなたみたいな人が化粧品の販売の仕事をしているのですか?」とか、「あなたみたいな化粧品販売する人、見たことがない！」とか、「よかったら、昨日、笹団子が送られてきたので、食べていきませんか?」等々、このような会話が出てきます。こうなれば、第一関門は合格です！

その後は、このお客様とのよい関係を大切にしながら、さらに、もっともっとよい信頼関係になるように、いろいろな工夫をしていくわけです。

●第一関門を通過すると、商品は勝手に売れていく！

このような関係が、お客様との間にでき上がると、どんなことが起こり始めると思いますか？　一言で言うと、**「お客様によいと思って私が勧める商品は、ほぼ気に入って購入する！」**こんな夢のようなことが起こり始めるのです。

法則という言葉を使うからには、一回や二回起こったことではありません。一見、**奇跡的と思うようなことが、日常的に起こっていた**ということなのです。

つまり、**「あなたという一人の人間を、お客様に気に入っていただいてから商品の説明をすれば、お客様は喜んで自然と購入する」**ということです。

また、もうひとつ、ぜひあなたに紹介したいお話があります。

それは、**「お客様に気に入っていただけると、こちらからお願いしなくても、お客様が、兄弟姉妹、友人知人を電話で呼んだり、集めたりということが起こり始める」**のです。

本当に不思議です。よく言う紹介・口コミですね。

どうですか？　あなたは、私のこの話を信じられますか？　もちろんその後、おかげさまで、新人部門で成績優秀賞を頂戴しました。さて、ご紹介した今回の話は、リアルでの話ですが、オンラインでもまったく同じです。

ポイント

魅力的な人間になることが、ビジネスと人生に勝利する秘訣

マッチング力❷

明るい挨拶、爽やかな笑顔、温かい声がけを心がけ、安心感を与える

●熱烈なファンが生まれる4つのポイント

あなたとお客様に幸せを呼び込むためには、４つのポイントがあります。これが、あなたに熱烈なファンをつくるための基本項目です。

１つ目のポイントは、**「明るい挨拶」**です。

挨拶は、相手と自分を繋ぐ一番簡単で、身近にあるコミュニケーションツールです。個人的なイメージとしては、虹の架け橋といったところでしょうか。

日本では広い意味で、虹の色は7色と認識されています。もし挨拶が虹の架け橋だとしたら、あなたは、挨拶に何色のどんな愛の思いを込めて届けたいですか？

たとえば、私の場合ですと、こんな感じです。

①お会いできて嬉しいです。②お元気そうで何よりです。③今度またご一緒にお茶しましょう。④何か元気がない感じですが大丈夫ですか。④私にお手伝いできることありますか。⑤いつでも連絡ください。⑥また会いましょう。⑦行ってらっしゃい等々。このような感じでしょうか（笑）。

このような思いが、いつも会うたびに伝わってきたら、いつのまにか心がほっこりと暖かくなって、なんだか嬉しくなりますよね。

2つ目のポイントは、**「爽やかな笑顔」**です。爽やかな笑顔は、相手と自分の心に、光りを灯します。

イメージとしては、自分が持っている一本のロウソクの灯を、相手の人が持っている一本のロウソクへと燈火する、明かりを繋いでいくというイメージでしょうか。

相手の人のロウソクに灯りが燈ることによって、明るさは2倍どころか、3倍にも4倍にも広がるのです。

こんな世界が一瞬で、パアーっとあなたのまわりに広がります。素敵ですね！　これが、爽やかな笑顔の秘密です。

3つ目のポイントは、**「温かい声がけ」**です。温かい声がけは、あなたの両手で、直接相手の人の心を抱きしめている状態と似ています。

個人的なイメージとしては、相手の人の肩に、自分が持っている天女の羽衣を、ふわっとかけて、ふわふわ包み込むという感じのイメージでしょうか。

けっして押しつけがましくない、心地よいリラックスしている状態が生まれます。日向ぼっこしているときの、あのまったり、のんびりした気持ちに包まれます。最高に幸せですね。

最後、4つ目のポイントは、**「安心感」**です。安心感は、幼い頃の思い出です。お母さんやお父さんと手をつないだときの手の温もりです。

個人的なイメージとしては、すべての生命を育てる大地の温もりと、太陽の匂いという感じです。つねに、どんなときでも条件なしで受け入れてくれる、そんな寛大な地球の存在を感じさせてくれます。

心の安全基地、セキュアベースです。

もしあなたが、ある人に会うたびに、このような感覚で包まれたとしたら、理由なくファンになってしまうでしょう。それも熱烈ファンに。

ポイント

先ずは、熱烈なファンを10人つくるところから始めよう

マッチング力③

相手の「視覚的・音声的行動や言葉」に自分を合わせる

●コミュニケーション力を高めるミラーリング

これは、日常生活や仕事場でのよりよい人間関係を構築するのに役立つ、心理学で言う「ミラーリング」と言われている実践方法です。

今この本を読んでいるあなたは、もしかしたら自分のことを、コミュニケーションが苦手だと思っているかもしれません。また実際に、プライベートでも仲がよい友人があまりいないかもしれません。

そして、仕事場でも、同僚や上司、取引先との関係がうまくいかないと悩んでいるかもしれません。でも、もう大丈夫です！

この項では、そういう悩みを解決し、お客様との信頼関係を築いていきたいあなたに、とても有用で役に立つ方法をお伝えします。

注意点としては、「方法」と言いましたが、単に目先にある表面的な目標・目的を達成するためのノウハウとして使わないでください。心から相手の人と仲良くなりたいという願いの元に使っていただきたいと思います。

さて次に、このミラーリングのことを、もう少し詳しくお伝えしたいと思います。

●ミラーリングとは

心理学においてミラーリングとは、**「相手の人の視覚的・音声的な行動や、相手がよく使う言葉のパターンなどを注意深く観察し、自分もそれに合わせていく」**ことを言います。

視覚的な行動の例としては、身振り手振り・しぐさ・表情・視線などです。また、音声的な行動の例としては、声のトーン・大きさ・話すスピード・リズムなどが、代表的なものとしてあげられると思います。

これらの行動は、人それぞれ、少しずつ異なっています。また同じ人であっても、そのときの心理状態や体調によっても変わります。こうした相手の人の言動の一部をあたかも鏡に映すように模倣するのが、ミラーリングの特徴です。

それでは次に、ミラーリングの目的と効果について簡単にお話ししたいと思います。

●目的と効果

ミラーリングの効果として、よく見聞きすることとしては、「親しい友人や、仲がよい夫婦は、似ている点が多い」ということがあります。

これは、自然と一緒に過ごす時間が多いので、無意識のうちにミラーリングし合って、結果的にお互いに似てくるということが起こるということです。

つまり、相手との間に親近感が湧き、お互いに信頼関係を築くことができる状態が生み出されるということを示しています。

したがって、**ミラーリングの目的とは、「相手との信頼関係の構築」**です。

自然と無理なく、自分と相手との間に、心理的な結びつきができて信頼関係を築くことができるのです。

●使い方

次に、日常生活で使える簡単な使い方の例を、いくつかご紹介します。

「同調傾向」と言われるものがあります。これは、**「相手と同じ状態を自分も体験することによって、相手のことを理解しようとしている」**ということです。

たとえば、相手が笑ったら自分も笑い返したり。または、相手が頷きながら話していると自分も頷いていたり。相手の話すスピードがものすごく速いと、自分までいつになく早口で話していたとか、等々。

どうですか？　自分が意識してミラーリングしていなくても、けっこう無意識のうちに自然とやっているということに気づいたという人もいるのではないでしょうか。

ここで、あなたに実験のご提案です。

今までよりも、ちょっとだけ意識してミラーリングのアクションを起こしてみましょう。頷く回数を増やすだけでも十分です。

そのことによって、相手の人に、あなたが同調していることや共感しているというメッセージを伝えることができるのです。たったそれだけで、信頼関係ができて仲良くなれたら、最高に幸せだと感じるでしょう。

そして、ぜひともビジネス面でも、活かしてみてください。

以前友人から聞いた話ですが、営業成績のよいビジネスパーソンほど、ミラーリングが習慣になっているのだそうです。私たちも、相手の人の幸福を心から願い、一人でも多くの人との間に、信頼関係を築いていきたいものです。

●2つの注意点

最後に2点だけ注意点をお伝えします。

1点目は、**「相手の人のネガティブなアクション等のミラーリングはしない」**ようにしましょう。信頼関係を築くどころか、逆効果になることがあります。

2点目は、**「やりすぎは禁物」**です。不自然で、わざとらしいミラーリングは、効果が薄くなるどころか、相手に大変な不快感を与えてしまうことがあります。自然なミラーリングを心がけてみてください。

ぜひ、あなたも日常生活やお仕事の場面で、ミラーリングのアクションを取り入れて、信頼関係の構築とビジネスの発展にお役立てください。

ポイント

自分とどこか似ている人には、親近感が湧く

マッチング力④

相手の「長所や素晴らしさ」を直ぐに見つけて、随所で伝える

●相手をほめることは、人間関係の基本

あなたは、初対面でお会いしたとき、その人の素敵な点を、1分間でいくつ見つける自

信がありますか？

「ええ〜!?　1分間でなんて無理ですよ」と言う声があちらこちらから聞こえてきそうです。

では、無理と答えたあなたは、何分間あれば相手の人の素敵なところを見つけることができますか？　5分間ですか？　10分間ですか？　それとも1時間くらい必要でしょうか？

私は、1分間で10個は見つける自信があります。これは、特技のひとつです（笑）。実際には、トレーニングをすれば、どなたでも特技にすることができます。

なぜ、特技になったかというと、理由は簡単です。親が、仕事がら転勤族だったからです。新環境への適応力として自然と鍛えられたということです。

つまり、幼い頃から突然、新しい環境に投げ出されるという体験が多くありました。

そんな中で、仲良しの友人をつくりたいという一心で、自然に身につけていったのが、**「相手の人の長所・素敵なところをいち早く見つける」**という才能だったと思います。

この体験からもわかるように、**「長所と素晴らしさの発見」という特技は、トレーニン**

グさえすれば、誰でも簡単に身につけることができるということです。

私もセミナーや講座を開催したときに、4～5人のグループで、お互いに長所と素敵なところを発見し合って、カードに記入しお渡しするといったワークをします。

初対面同士であっても、このワークをすると、あっという間に場の空気が和やかになります。笑顔や笑い声が飛び交って、不思議と打ち解けあうことができます。このような場面に何度も出会ってきました。

つまり、**できるだけ早い時期に、相手の人の長所や素敵なところを見つけて、それをちゃんと伝えることで、お互いに親近感が湧き、仲良くなることができる**のです。

これは、日常生活においてのみ有効なのではなく、ビジネスにおいての人間関係構築、また、お客様との間のよきコミュニケーションづくりにとっても、非常に重要なポイントです。積極的にトレーニングして、ぜひ身につけましょう。

人は、誰しもほめられたら嬉しいものです。たとえ半分以上お世辞だと知っていても、やはり悪い気はしないものです。

大人になると、ほめられる機会がどんどん少なくなりますので、やはり、ほめられたら内心嬉しいものです。どんどんほめていきたいものです。

セッションのときでも、先ずは、①クライアントのよいところをほめて、認めていることを伝えてからスタートするように心がけること。また、②セッションの途中でも、クライアントの素晴らしいところを積極的に見つけるようにして、③随時、ほめ言葉をはさみ、認めていることを伝えながらセッションを進めていくようにすること。

たったこの3点を積み重ねていくだけで、相手の人との間に、さらに深い信頼関係を築いていくことができます。仲良くなることができます。

基本的には否定の思いや言葉は出さないということが前提です。

ポイント

自分から先にほめることで、できる信頼関係の循環

マッチング力5

相手の「価値観」に寄り添う話し方やアクションをする

●価値観とは、幸福の源

あなたは、自分がどのような価値観を持っているのかを明確に知っていますか？

また、そもそも価値観って何であり、私たちの人生にとって、どういう影響を与えているものなのでしょうか？

広辞苑によると「価値観とは、何に価値を認めるかという考え方。善悪・好き嫌いなどの価値を判断するとき、その根幹をなす物事の見方」とあります。

もしあなたが自分の価値観がわからないなら、ぜひ好きな物（事）、嫌いな物（事）を一つひとつ丁寧にあげて、眺めてみてください。

きっと、あなたの価値観が見えてくると思います。

つまり価値観とは、**「私たちが物事を評価・判断するときの基準になっている考え方」**ということですね。これは、けっこう私たちの人生にとって、重要な影響力を発揮していると言えます。

しかし多くの人は、自分の価値観に対して、特に意識せず日常生活を送っています。あなたの場合は、これまでどうでしたか？

自分が意識していようが無意識であろうが、私達はいつも、自分が持っている価値観を基準にして考えたり、選択したり、行動しているということなのです。

つまり、**あなたの人生は、あなた自身が持っている「価値観」でき上がっている**のです。だから、あなたらしさと言われているあなたの個性の輝きは、じつは、この価値観から生まれつくられているというわけです。

人は皆、自分の価値観に沿った生き方ができると、やる気が湧き生き生きとします。

そして、どんなことが起こっても乗り越えていくことができるようになります。

つまり、価値観に沿った言動ができたときに、人は、最高の幸福感を感じることができるのです。したがって**「価値観」とは、私達にとっての幸福の源である**といっても過言ではないでしょう。

●お客様の価値観を早いうちに見つける

この自分にとっての幸福の源である「価値観」を、尊重し大切にしてくれる人がいたら、どうでしょう?

自分の大切にしている考え方を、理解して心から寄り添ってくれる人が隣に現れたら、どうでしょう?

本当に嬉しいですよね。一気に心が開いて、心の距離が縮まります。そして、今まで以上に信頼感が深まります。

そうなのです。

ぜひ、**お客様の大切にしている考え方や価値観を、なるべく早い時期に見つけてください。**そして、お客様を大切に思っている証として、お客様が大切にしている価値観を尊重していることを、**言葉や話し方、しぐさ、アクション等で積極的に伝えていきましょう。**

きっと、お客様との心の距離が縮まり、信頼関係が深まったという体験をされると思います。

ここまで「価値観」とは何か、ということを共有してきました。

自分の価値観をどれだけ深く理解できているかによって、あなたの仕事の選択やビジネスの成果に大きな違いが表れてきます。そして、その結果、毎日の生活やビジネス、人生においての幸福感が大きく変わってきます。

もし、今あなたが、努力しているのになかなか思うように成果が表れていない、どうしたらいいかわからない、と悩んでいるのなら、**先ずは「価値観」を見直してみてください。**

あなたの人生を造っているのは「価値観」です。

ならば、**今あなたが持っている価値観が、はたして、成功し幸福になる方向性に繋がっている価値観であるのか否か**を、確認することが大事です！

方法は簡単です。先ずはノートに、自分の価値観を全部書き出してください。

そして、書き出した価値観の一つひとつの方向性をチェックしてみてください。基準は、あなたを成功と幸福に導くかどうかです。

ポイント

お客様の大切にしている価値観を大切にする心の姿勢を持つ

マッチング力⑥

相手に「また会いたい！」と思ってもらう

●また次もぜひ飲みたい特別な日本酒

ズバリ、「また会いたい！」と思ってもらえる人になりましょう。

「毎回のセッションが、ワクワクして楽しい」

「○○さんと話していると、いつも未来のビジョンが、どんどん具体的に見えてきて、本当に元気と勇気が湧いてくる」

「○○さんと話していると、『できる‼』と思えてくる！」

そんなふうに言ってもらえる人になりましょう。

半年の講座が、次回で終了するというあるセッションのときの話です。

「次回で講座が終了しますが、どうされますか？　引き続き継続フォローされますか？」

とお聞きしたことがありました。

そのクライアントがしてくれた話が、今でもけっして忘れることができないほど印象に残る話だったので、ご紹介したいと思います。

そのときクライアントは、次のように言われました。

「なかうらさんは、次また、もう一度飲むことができるとしたら、ぜひとも△△の日本酒が飲みたい‼　と思う特別な日本酒のような人ですね」

最初は、何を言われたのか、一瞬わからなかったのですが、「ぜひ、次ももう一度飲みたい日本酒＝次ももう一度会いたい人！」、つまり、それは、私のことを次もぜひ飲みたい日本酒だ、とたとえてくださったということでした（笑）。

何とも言えない嬉しい気持ちが込み上げてきたことを、昨日のことのように覚えています。

冥利に尽きる、という言葉がありますが、私にとっては、そんな心持ちを感じさせてくれたでき事でした。

今でも思い出すと、ほんわか心が温かくなる嬉しいでき事です。

ご縁のあった皆様に、そう感じていただけるような自分であり続けたい。思い出すたびに、今でもその決意を再確認しています。

ポイント

新規顧客の獲得ばかりではなく、リピーターを増やす

マッチング力⑦

相手と一緒に「未来の幸福」を喜ぶ

●お客様の幸せは、自分の幸せ

あなたは、自分のこと以上に、「お客様の未来の幸福」が楽しみですか？

お客様の3年後の未来ビジョンの中に、笑顔の自分の姿はあるでしょうか？

「あります！」と即答したあなた、おめでとうございます。あなたは、これから先、成功される確率が非常に高い人です。

なぜなら、あなたは、お客様の人生が幸福であることを、心から願われている素晴らしい人だからです。

おそらく普通は、自分の幸福や家族の幸福を願っているという人が大多数なのではないでしょうか？

そのような中で、自分以外の人の成功や、幸福を心底願っているあなたは、じつは、すでに普通の人ではないということです。

では、どのように素晴らしいのかというと、**自分以外の人の幸福を、自分のことのように、心底願えるということは、神様の愛と、仏様のような慈悲の心を持ち合わせていることを意味しているから**です。

仏教的な言い方をすると、**「自他一体の境地、つまり、自分と他人は、別々の存在ではなく一体なのだ、という教えを体現している人」**だとも言えるからです。

人様を、サポートさせていただくという仕事に携わっている限りは、ぜひとも、この境地を目指していきたいものだと思っています。

現代は、自分の明るく幸福に満ちた未来に対してさえも、確信が持てなくなっています。

ましてや、自分以外の人の幸福な未来を心から願い、喜ぶことができる心境を、持ち続けられるということ自体が素晴らしいことなのです。

特に今の時代、この思いは、ビジネス面だけでなく、人生においても、また目指すべき方向性かもしれません。

お客様と一緒に、必ず来る「未来の幸福」を、今現在、一緒に喜べたとしたら、どんなにかワクワクする素敵なセッションの時間となるでしょう。

●お客様と一緒に未来の幸福を願う意味と効果

さて、ここで、お客様と一緒に未来の幸福を願うことの意味と効果を、お伝えしたいと思います。

先ほどお伝えした、ワクワクするセッションの中でお客様が見た自分の未来ビジョン。そして、将来、目標や夢が実現したときに必ず味わう喜びの感情。

これらを先取りして、今この場で味わうことが、じつは、望む未来を手に入れるための近道であるということなのです。

世界中の成功者は、意識的にか無意識のうちに、必ずと言ってよいくらいこの法則を活用して夢を実現しています。

私たちの仕事は、お客様の望んでいる未来像を叶えるサポートです。そうであるならば、望む未来を実現させることができるこの法則は、非常に大切な法則と言えるでしょう。

ぜひ、夢を実現化するための4つのポイントを実践してみてください。現実化の確率が高まります。

①あなたの目標や未来の姿は、喜びと幸福の感情に紐づいている。
②あなたが望む未来の設計図は、できるだけ詳細まで具体的にする。
③あなたが望む未来が実現したときの喜び・幸福な感情を、五感でしっかりと味わう。
④あなたの未来に必ず起こる実現したいビジョンを明確に描き、継続する。

いかがですか？　お客様と一緒に未来の幸福を願い喜ぶことの意味と効果とは、そうすることで、お客様が望む未来の実現化の可能性が高まるからなのです。

潜在意識の特徴のひとつに、次のようなことがあります。

「潜在意識は、現実に本当に起こっている出来事か、まだ起こっていない出来事かの区別がつかない」という特徴です。

この特徴を、ある意味で活用するということです。

つまり、お客様に、**「望んでいる未来の姿・環境・状況等を、できるだけ具体的に、ありありと描いてもらい、そのビジョンの継続化により、潜在意識に、あたかももう既に現実に起こっている出来事であると錯覚してもらう」**わけです。

このことによって、潜在意識がちゃんと勘違いしてくれれば、望んでいる未来の現実化を早めることが可能になります。これが効果です。思いっきり潜在意識の法則を活用し、幸福な未来を実現する、ということです。

大切なことですので、もう一度まとめます。

お客様の未来の実現のために、ぜひ、あなたもお客様と一緒に、できるだけ具体的に、できるだけ詳細に、「お客様の未来の幸福」を描きましょう。

そして、実現したときの、喜びと幸福な気持ちを、今現在、五感を使って、しっかりと味わいましょう。

ポイント

お客様の「未来の幸福」は、あなたの「未来の幸福」

マッチング力⑧

体験セッション用の資料は、一人ひとり相手に合わせてつくる

●幸福のポイントは、一人ひとり違う！

いよいよマッチング力の項も最後になりました。

最後に共有したいことは、**「お客様は、一人ひとり性格も傾向性も違うし、価値観も望**

む未来像も違う」ということです。

つまり、幸福になっていただくこと（＝成約）を目指すプレゼン用の資料は、**「お客様の性格と価値観、そして、理想の未来像などに合わせた内容」**になる、ということです。

もちろん、提供するサポート商品の基本要素は変わらないのですが、成約するポイントが一人ひとり違うということです。

そのポイントを、あらかじめ予想しておき、そのポイントに合わせたプレゼン用資料を作成しておくことが大切です。

できれば、シミュレーション時に、トークも、ポイントに合わせたものにしておくと、よりお客様との信頼関係が深まって、成約率（幸福になってもらえる確率）が上がると思います。そのための準備はしっかりとしましょう。

あなたが、お客様に対して、お客様が望む、明るくて、幸福に満ちた未来をお届けしたいと本気で願っているのであれば、事前アンケートを、丁寧に何度でも読み込んでください。

そして、一人ひとりの成約（＝幸福）ポイントを、見つけてください。きっと、お客様に喜ばれ、感謝されるプレゼンになること間違いなしです。

あとは、きちんと成約して、お客様の人生を、お客様が望まれる理想の人生に変えるお手伝いを、ワクワクしながら一生懸命にさせていただきましょう。

「あなたに出会えて本当によかった！」と言っていただける最高に幸福な瞬間を目指して！

ポイント

体験セッションは、お客様へのプロポーズ、資料はラブレター

STEP 4
クロージングポイント
「あなたから買いたい！」と決断してもらう

クロージング力❶

「成約は愛である」ことを確信している

もしかして、**あなたは成約すること対して、「抵抗感」はありませんか？**

「そう改めて聞かれると、じつは、なんとなく不安がよぎるんです」という人も多いと思います。

あなたが、そのうちの一人だとしたら、残念ですが、セールス成約率がこの先も上がることは難しいと言わざるを得ません。

成約することに抵抗感がある場合、大きく分けて次の3つの理由が考えられます。

1つ目は、**お金を受け取ることに抵抗感がある**場合です。

この場合は、STEP2（118ページ参照）でもお伝えしたように、自分の心の中にあるお金に対してのブレーキの原因を見つけて、弱めていくことをトレーニングしてください。

2つ目は、**自分の商品に自信がない**場合です。

この場合は、モニターを使ったりして、再度、外から商品のチェックをすることをお勧めします。

そして、3つ目は、**「成約」という行為自体を、自分の手でしたくない**という場合です。

この場合は、その原因の根本には、セールスに対する強い苦手意識や、罪悪感をまだまだ引きずっていることがあります。

では、この抵抗感を解決するためには、どうしたらいいでしょうか？

答えはひとつ、簡単です。

今あなたが持っている「セールス」と「成約」の定義を、逆の定義に入れ替えてしまうことです。

具体的には、次のとおりです。

①セールスは、相手の人を、さらなる幸福へと誘う行為。

②成約することは、相手の人が、今よりもっともっと幸福な未来を手に入れるチャンスを掴むこと。

つまり、「セールスという行為」も「成約すること」も、どちらも、相手の人のさらなる幸福な未来を、心から願っているからこそそのものだということです。

それを、**「セールスは愛」「成約は愛」**と言っています。

問題はそのことを、あなた自身が、どこまで本気で確信できているのか、ということなのです。

そして、シンプルではありますが、この思いと覚悟こそが、まだ出会っていない未来のクライアントに対して、あなたが常に問われていることでもあります。

「自分のことを、ここまで真剣に、本気で考えてくれているんだ」ということが、120%相手に伝わるから、「あなたから買いたい！」と、決断してもらえるのです。

相手に信頼してもらう秘訣は、自分が先に120%信頼することです。

ポイント

相手の未来を120％信じ切る！

クロージング力②

「プレゼン・体験セッション」は、相手への本気のプロポーズ

「体験セッションには参加してくれるのですが、その後に繋がらなくて……」

「体験セッションを受けてくれた人は、皆さん、受けてとてもよかった！　と言ってくれるのですが……」

こういった声をよく聞きます。

つまり、体験セッションは、受けてくれるが成約しない！　という悩みです。

この悩みを抱えている人は、スタートアップ時期の人に、特に多い悩みと言ってもいいと思います。

ではなぜ、こういったことが起こるのでしょうか？　理由・原因は、どのようなことだと思いますか？

原因は3つです。

ひとつは、**体験セッションで、十分すぎるほど満足してしまった。**

この場合は、体験セッションの目的設定を間違っているということです。体験セッションの目的を確認してみてください。

もうひとつは、**準備した体験セッション用の資料を、ただ形式的に流している。**

この場合は、一つひとつのワーク等の目的と、目指すところを、意識して進めていくことが重要です。ワーク等の目的を確認してみましょう。また、トークが棒読みになっていないか確認しましょう。

そして、最後は、体験セッションを受けてくれた人に、**あなたのサポート商品のベネフィットが伝わらなかった**ということです。

あなたのサポート商品を使った場合に得られる効果、成果、未来に手にする人生、幸福感が、明確に伝わらなかったことが理由です。

再度、ベネフィットを、できるだけ具体的に整理してみましょう。

プレゼン・体験セッションは、言ってみれば、成約（相手の人が幸福になるチャンスを掴むこと）するための人生をかけた大切なプロポーズです。

あなたは、愛する人に、「結婚してください！」と気持ちを伝えるとき、どのような気持ちで、どのようなモチベーションで、どのような準備をどれだけするでしょうか？

きっと、どうしたらよい返事、ＯＫがもらえるか？　寝る間も惜しんで、作戦を考えるのではないでしょうか？

そして、夜な夜な一人で、何度もシミュレーションしたり、実際に声に出して練習してみたり、そんなことを、真剣にしているのではないでしょうか？

何を隠そう私は、体験セッションの日程が決まった時点から、クライアントお一人お一人に、毎回このようなことを、本気でやっています（笑）。
夜な夜な家族が寝静まってから、ワクワクしながらです。この時間ほど楽しくて幸福な時間はありません。

ポイント
本気のプロポーズだからこそ伝わる「幸福な未来への予感」

クロージング力③
相手に寄り添う姿勢を貫こう

「一度ご縁があった方とは、一生涯おつきあいさせていただきたいと思っています」
いつの頃からか口に出していた言葉です。

こんな言葉を、恥ずかしげもなく口にするなんて、いったい私は何者なのでしょうか？私は、根本的に「人」が好きなのだと思います。他人を他人と思えない。まるで自分の分身のような存在に感じているらしいのです。

友人が笑顔でないと、自分も心から笑顔になれないのです。友人が幸福でないと、自分の幸福感が低下するのです。

その代わり、友人が笑顔で幸福だと、自分も最高にモチベーションが上がり、ハッピーになれる！　そんな特技？　才能・体質を持ち合わせているのが私のようです。

正直なところ、今までに、うっとうしいと思われたこともありました。でも、残念ながら、それで私の体質が変わることはありませんでした。

あなたが元気だと、私も嬉しい。あなたが笑顔だと、私も笑顔になれる。あなたが幸福だと、私も幸福！

だから、どんなときでも、あなたのそばにいて、あなたが今日も笑顔であるように、寄り添っていたいのです。一度は、うっとうしいと言っていた人も、なぜか？　いつの間にか私のそばにいます。

人生は、二人三脚です。けっしてあなたは、一人ぼっちではありません。一度つないだ手は離したくないのです。

あなたが、困っているとき、悲しいとき、つらいとき、どうしたらいいかわからなくなったとき、どうか思い出してください。

そして、あなたが、嬉しいとき、成功したとき、幸福なとき、どうぞ思い出してください。

あなたに相談されて何ができるかわかりません。でも、どうか思い出してください。

あなたと一緒に何ができるかを、考えることは何時でもできます。

こんな思いを本気で持っている人がいることを、どうぞ覚えていてください。

あなたと、あなたの人生を、心から愛しています。

このような真摯な心の姿勢を持ち続けることが、愛のエネルギーとなって、必ず相手の心に届きます。深い信頼関係と安心感を生み出します。

そして、そこから愛のエネルギー循環が起こり始めるのです。

お客様は、あなたと共に、さらに幸福になり、あなたのビジネスはますます発展するでしょう。そして、その先には、大好きな人たちの笑顔と、素晴らしく幸福な毎日が待っていることでしょう。

ポイント

寄り添い力で、相手も自分も笑顔になる最高の幸福の輪を広げよう

クロージング力④

個人相談で、さらに深い信頼関係を築くこと

一対一で行う個人相談があります。お茶会や勉強会、説明会を募集して、一人しか参加

者がいない日があったりします。

こんな場合、多くの人は、非常に残念そうな表情をして、がっかりしています。人数が集められなかった、といって落ち込んでいるわけです。

私の場合、このようなケースのときは、逆にチャンス！　と喜んでいました。

なぜかというと、一対一で個人セッションできる機会が、一気に訪れたからなのです。

たとえば、あなたが企画したお茶会や勉強会、一回に、10人が参加されたとしましょう。

そのお茶会や勉強会では、テーマを決めて10人で、勉強会を進めていく訳です。

そして、通常、最後のほうのプログラムとして、勉強会の感想・気づきなどをシェアしたり、アンケートへの記入等をして頂きながら、一対一の個人相談をお勧めしていくという流れがあるわけです。

個人相談への希望者には、その勉強会の後の日程で、個人相談日を決めて開催する運びとなります。

つまり、お茶会への参加者が一人しかいなかった場合は、お茶会・勉強会として企画したものが、そのまま一対一の個人相談の場に変わるということなのです。

ひとつのプロセスをジャンプして飛ばすことができたということですね。


何人かの人が一緒にいてお茶会や勉強会をしているときは、ほかの人の目があるので、大抵の場合は、表面的で差しさわりのない会話に終始することが多いです。

また時間的にも、一人に使える時間が短くなってしまうので、なかなか信頼関係を築くことが難しいという現状があります。

それに比べると、**個人セッションは一対一ですから、他の誰の目も気にせずに、深い話ができます。**こちらも、一人に集中して対応することができるので、深いコミュニケーションを取ることが可能になります。


つまり、このような形で時間共有することができるので、極めて短時間で相手の懐に入り、深い信頼関係を築くことができます。

このお互いの深い信頼関係がベースとなり、あなたが選ばれるということが現実に起こります。

ぜひ、一対一の個人セッションで、深い信頼関係を築き、自信を持って、成約（＝幸福）へと誘って差し上げましょう。

ポイント

個人セッションだからこそ、短時間で相手の懐に入れる

クロージング力⑤

相手に「自分を深く理解してくれている人」だとしっかり伝える

どうすれば、相手に、「あなたが自分を深く理解してくれている人だ」ということを伝えることができると思いますか？　それは、次の7つのポイントの実践です。

①相手の話を、誠実に共感して聴く。
②相手の波動・リズム・呼吸等に自分を合わせる。
③笑顔で頷く。
④相手の長所を見つけてほめる。
⑤相手の大切にしている考え方・価値観を尊重する。
⑥相手に寄り添う姿勢を持つ。
⑦相手が望む未来の実現を一緒に喜ぶ。

これら7つのポイントを押さえて、相手とのコミュニケーションを積み重ねていけば、誰でも自分を深く理解していてくれていることを、相手に伝えることができます。

セッションの中で、あるいは日頃から生活の中で、ひとつずつでいいので、焦らず実践してみてください。苦手意識のあった知人や友人、職場の上司、仕事先の人と、きっと仲良くなれるはずです。

必ず、今まで以上のコミュニケーションが取れて、どのような人とも、お互いに深い信頼関係を築くことができるようになるでしょう。ぜひ、チャレンジしてみてください。

ポイント

人は、自分を理解してくれている人に心を開くもの

クロージング力⑥

相手に「この人にコーチをしてもらいたい」と感じてもらう

あなたが、コーチをしてもらいたいと思う人には、どんな共通点があるでしょう？
私の場合は、次のような共通点があります。

①人として誠実で信頼できる。

②自分の人生観・価値観と重なる点が多い。
③生き方・在り方に共感できる。
④高いプロ意識がある。
⑤実績がある。
⑥専門家である。
⑦人の成長・幸福が自分にとっての喜び・幸福だと考えている。
⑧社会貢献の思いが強い。
⑨多くの人に慕われ信頼されている。
⑩いつも明るく元気、プラス思考である。
⑪多角的な視点から深く物事を考える。
⑫常に向上心があり、勉強している。
⑬私の可能性を確信してくれている。
⑭私の長所・才能を引き出そうとしてくれている。
⑮寛容で忍耐強い。

⑯愛がある。
⑰多くの人に感謝している。
⑱家族・友人を大切にしている。
⑲謙虚である。
⑳自分以外の人の人生を愛している。

さて、あなたはこの中で、いったい、いくつ当てはまりましたか？　よかったらチェックしてみてくださいね。これは、あなたが何を大切にして生きている人なのかということが、見えてくるチェック項目でもあります。

こういったポイントを、一つひとつ身につけていくことで、あなたが、コーチとして選んでもらえる確率は確実に上がっていくと言えます。

もうひとつ、とても大事なポイントがあります。むしろ、こちらのほうが重要かもしれません。それは、あなたをコーチに選んだら、

自分は何が得られるのか？

自分はどう変われるのか？

自分にとって、どんな素晴らしいことが起こるのか？

自分の一年後、三年後の未来には、どんな素敵な毎日が待っているのだろうか？


その未来をお見せできることが、とても重要なポイントだということです。

つまり、あなたをコーチに選んだときのベネフィットを、具体的、明確に伝えること。

そして、さらには、ゴールの先にある未来を、今ここで、クライアントに味わってもらうことがとても重要です。


未来の設計図をつくり、あなたがコーチになってくれれば、この未来が自分の人生になると感じてもらいましょう。

ワクワクして笑顔になってもらいましょう。

そして、あなた自身も、心の底からのワクワクを感じてください。

クライアントに、素晴らしい未来を、ワクワク感を、今ここでちゃんと味わってもらいましょう。そして、ふたりで一緒に喜び合いましょう。

ポイント

ゴールの先にあるワクワクする未来をビジョン化する

クロージング力⑦

相手に「自分の人生は、本当に変わるかもしれない」と思ってもらう

今までの人生の中で、あなたには「人生のターニングポイント」と呼べることが何回かあったと思います。それは、①**どのようなときでしたか？** ②**誰か素晴らしい人との出会いによって迎えたターニングポイントでしたか？**

大体、多くの人は、この二つが原因で、人生のターニングポイントが訪れることが多いようです。

①では、人生の中で何かがあった場合、たとえば、受験、就職、結婚、出産、病気、離婚、死などがきっかけになり、人生が大きく変わる転機になった、などが考えられます。

また、②では、素晴らしい人との出会いがあって、仕事がどんどん成功した、といったことなどが考えられます。

クライアントから、「あなたを自分のコーチ、コンサルタントに今回選べば、その後の自分の人生や未来は、大きく変わるかもしれない」と思ってもらえたとしたら、ワクワクしてくるはずです。

よし、一緒に未来を手に入れよう！　と、冒険に出かける前のときのように、思わず武者震いしてしまうくらい、やる気が溢れて、無性に楽しくなるでしょう。

じつは私は、毎回成約（＝幸福）させていただくたびに、このような感覚に包まれるのです。

相手に「この人と一緒なら、自分の人生は本当に変われるかもしれない」と思ってもらえる、その秘密は何だと思いますか？　責任感の強さでしょうか？　使命感の強さでしょうか？　いえ、違います。

それは、相手の未来の人生と、自分の未来の人生が別々のものではなく、ひとつに重なるからなのです。

つまり、**相手の叶えたい夢が、コーチ・コンサルタントである自分が叶えたい夢と一体化してくる**のです。いつの間にか、自分の夢という感覚になってくるから不思議です。

自分一人の夢だったらそんなに多くは抱けません。持っても、せいぜい1～3個くらいでしょうか。

でも、クライアントがいてくれたら、クライアントの数だけ自分の夢が増えるわけです。こんなに素敵で、楽しいことはありません。

あなたも誰かのコーチになって、どんどん夢を叶えていくサポートを、ご一緒にしましょう。

ポイント

「自他一体」の思いだからこそ、相手の夢の未来を共有化できる

クロージング力⑧

相手の「一年後の幸福な未来ビジョン」が明確に描ける

一年後、二年後、三年後の幸福な未来ビジョン（未来の夢設計図）を、真っ白なキャンバスに絵を描くように具体的に描くこと（イメージング）ができたら、それは、本当に実現する可能性が近い、そう思っていいと思います。

抽象的にしか絵が描けないということは、自分の中でも、その未来がまだまだ現実味を帯びていないことの表れだからです。これは、自分のことでも、相手のことでも、ほとんど同じような感じがしています。

さて私には、起業したての頃から、ずーっと言い続けている言葉があります。

それは、**「お見せできるのは、あなたの未来です！」**という言葉です。

私はいつもこの言葉を口にするたびに、ワクワクしてきて、楽しい気分になってしまうのです。

じつは、この言葉を目にして、わざわざ遠くから新幹線に乗って、一泊二日で会いに来てくれた方がいらっしゃいました。そのときは、こちらのほうが本当に感激してしまったことを、とてもよく覚えています。

お寿司屋さんでいろいろとお話をお聞きして、盛り上がった後、夜も遅くなり、ホテルに車でお送りしました。

その車中で、お客様から、「お見せできるのは、あなたの未来です！　という言葉を見て、今日会いに来た」ということを聞いたのです。驚きました。

そしてさらに驚いたのは、翌日、またお会いしたときに、なんと私の半年間のセッションを申し込んでくれたのです。

「お見せできるのは、あなたの未来です！」という言葉が、結んでくれたご縁でした。

どなたも、自分の一年後の未来がどうなっているのか？　大変興味があることだと思います。関心がないという人は、ほとんどいないといってもよいのではないでしょうか？

事前に頂いているアンケートを、丁寧に何度も何度も読み返し、エネルギーを感じ、インスピレーションを得ながら、未来の夢設計図をつくり上げていきます。

この作業は、とても楽しい時間です。ずっと笑顔が続きます。「わあ〜、○○さんは、一年後こうなっているんだ！」と、未来がビジョンとして見えてくると、思わず夜中でも、ひとり拍手も出てくる始末です！（笑）

体験セッションや、個人相談のときなどにお見せしたりして、盛り上がっています。よかったら、あなたも、相手の一年後の未来の夢設計図をつくってみてください。

自然な形で、押し売り一切なく、喜んでいただけて、相手から「やりたいです！」と言って、ご成約いただける、セールス不用の「ビリーブセールス」です。

ポイント

お客さまの「未来の夢設計図」は、あなたの未来です！

クロージング力⑨

相手が描いた未来ビジョンの中に笑顔の自分もいる

「最高に幸福な瞬間！」それが、クライアントの未来ビジョンの中に、笑顔の自分がいることです。

想像してみてください。3年後、クライアントが、見事に夢を実現し、みなさんで祝福のパーティーを開いている光景を。

そのパーティー会場はどこでしょうか？　ホテル？　海の浜辺？　森の中？　お天気はどうですか？　雲ひとつない快晴でしょうか？　鳥のさえずりは聞こえていますか？　ときおり吹いてくる爽やかな風、気持ちがいいですねえ〜。

あなたの横には、誰がいますか？　あなたにどんな言葉をかけてくれていますか？　今、どんな気持ちですか？　私も、真紅の薔薇の花束を持って、お祝いに駆け付けましたが、あなたの近くに私はいるでしょうか？

このような感じで、クライアントにイメージングをしてもらうことで、3年後の未来の現実を、今この時点で受け取ってもらうのです。

そして、しっかりと、具体的に五感で味わってもらうこと。これがじつは、あなたと成約の決断をするにあたり、非常に重要なことなのです。理由は、次の2点です。

①クライアントに、先にある未来の喜びと幸福な感情を、現在味わってもらうことで、ぜひともこの未来を手に入れたいという欲求が大きく膨らむから。

②3年後の未来の記憶の中に、コーチであるあなたの姿が、ありありといるのを映像で確認しているから。

自分が夢を叶えたときに、あなたというコーチが、その場に一緒にいる、ということを、確認しているから、「あなたから買いたい」と決断してもらえるのです。

もちろん、それは、あなたとの信頼関係が前提にあるということは、言うまでもありません。

ポイント

クライアントの未来の記憶の中に、花束を持った笑顔のあなたがいること

クロージング力⑩

相手に「自分の新しい未来を手に入れる」と決めてもらう

「新しい未来を手に入れる！」と決めるのは、とても勇気がいることです。なぜなら、住み慣れたそれなりに居心地のよい場所を飛び出さなくてはならないからです。

よく、コンフォートゾーンから出る、という言葉を聞いたことがあると思います。このコンフォートゾーンというのが、自分がこれまで慣れ親しんできた現状という意味です。いろいろと不満もあるけれど、まあそれなりに楽しいこともあるし、無理しなくても暮らしていける、そんな環境のことです。

大抵の場合、ほとんどの人は皆、いつもこのコンフォートゾーンの中で生活し、人生を送っています。

だから、この居心地がよい環境を、わざわざ飛び出して、何が起こるかわからない不安な未知の世界に飛び込むのは、非常に危険度が高いことなのです。やらなくていいならば、無理してまでやりたくないということです。

しかし、このまま現状維持で生きていくには、何か物足りない。
このまま本当に人生を終わっていいのか。
それで満足か。
死ぬときに、後悔のない人生だったと言って笑顔で別れられるのか。
思い切って、籠から外に飛び出してみようか。
飛び出すなら今だ、今しかない。
やってみようかな？　でも一人で行くのは不安だし怖い……。

じつは、このような葛藤を抱えながら、悶々として何年も暮らしている、そんな人がけっこういるのではないでしょうか？
誰かが自分の背中を押してくれるのを、こっそり待っている。

あなたは、この人の背中をそっと押してあげるキューピットになると決断してください。

誰でも同じです。現状の外側に飛び出すのは、本当に勇気と覚悟が必要です。今まで大切にしていたものを、手放していかなければならないからです。

それなりの痛みが伴いますから、そっと背中を押してくれるキューピットが必要なのです。

クライアントから見て、あなたという存在が、自分にとって、信頼できる唯一無二のキューピットだと確信してもらえたら、「私は、新しい未来を手に入れる！」と、今その場で決めることができます。

私達は常に、現状の外側に出る努力をすることで、新しい未来を手に入れることができるのです。

現状の外側の世界は、今まで見たことがない素敵な人たちが、キラキラと輝きながら、笑顔で生きている素晴らしい世界です。

あなたも、私と一緒に、その仲間に入り、今日の小さな一歩から始めてみたらいかがでしょう?

ポイント

先ずあなたが、クライアントのキューピットになると決める!

STEP 5

お得意様化ポイント

末永く愛されるための9つの秘策

お得意様力①

一人ひとりが特別な人である

もしかしたら、**あなたは、いつも次の講座の募集が気になってはいませんか？**

「今回の講座は何とか集客できたからよかったけれど、次回はどうだろう？」

「人が集まるだろうか？」

「集まらなかったらどうしよう！」

ひょっとして、こんなことを心配してはいないでしょうか？　もしあなたが当てはまっていたとしたら、ぜひこの機会に**マインドを変えてください。**

新規顧客ばかりを追いかけているビジネスの仕方は、あなた自身に疲弊感を生み出すばかりでなく、ビジネスとしてもけっして成功しないパターンに繋がっていきます。

一時、売上が上がり、成功したかに見えるのですが、長く続くことはないからです。なぜでしょうか？

それは、あなたの**ビジネスをする動機と目的がずれているから**です。つまり、**動機と目的が、お客様の笑顔・幸福・成功ではなく、自分の笑顔・成功・幸福になっているということ**です。ベクトルが、お客様の幸福のほうではなく、自分のビジネスの成功のほうに向いているのです。

ときどき、**あなたのベクトルが、どちらに向いているかを確認しましょう。**

このチェックポイントは、あなたのビジネスが、お客様に喜ばれながら、末永く発展していくために、とても重要な秘訣だと言えるでしょう。

そして次に大切なことは、**「集客から、お得意様化」へのマインドセットのチェンジ**です。

あなたには、自分が気に入っていて何年も通っているお店がありますか？　たとえば、レストランやカフェ、お寿司屋さん、またはブティック等々。

なぜあなたは、そのお店が気に入っているのでしょう。もちろん、食べ物屋さんの場合でしたら、美味しいとか、メニューが豊富であるといった理由があると思います。

また、ブティックでしたら、デザインや色彩・センスが好きだという理由があるでしょう。
しかし本当に、それだけが理由で何年も通い続けているのでしょうか?

私の場合は、お店のご主人や、担当者との会話がとても楽しい。担当者や、スタッフの方の対応・接客が心地よい。いつの間にかリラックスできて、いい気分になる。嫌なことがあった日でも、いつの間にか元気になり、楽しい気分になっている。

そのお店に行くと、**いつでも最高の笑顔と、最高の親しみを込めた挨拶で自分のことを迎えてくれる人がいる。**

このような感じのお店に、気がついたら何年も足を運んでいたということがあります。

またこんなこともありました。せっかくお店に立ち寄ったのに、大好きなその担当者がお休みの日だと、がっかりして、何だか急に元気がなくなり、普通の挨拶だけして帰って来たという経験です。

このことからもわかるように、**自分のことを本当に大事にしてくれている、ということが、しっかりとお客様に伝わることが非常に重要**です。

つまり、**お客様と相思相愛の関係になるということを目指す**ことがとても大切です。

「このくらいお客様に愛されたら、あなたのビジネスが、成功しないわけはない」と、私はそう思います。

今、お伝えしたような体験をしたことがあるという人は、じつは、けっこういるのではないでしょうか？　自分が体験したときに味わったその感覚を、ぜひ忘れずに覚えておいてほしいのです。

そしてクライアントにも、あなたが味わったその**特別な幸福感**を味わっていただきましょう。そのためにも、相手に対して、心を込めて、最高の笑顔・トーク・接客・対応をお届けしましょう。

「一人ひとりのお客様を特別な人」、自分の大切な人として考えて、カスタマイズした対応・接客をすることこそが、お得意様化の重要なポイントです。

ポイント

お得意様化は、目の前にいるたった一人のお客様を愛すること

お得意様力②

相手が喜ぶことをいつも考えている

私は、つねに「私にできることはなんだろう?」「何をしたら喜んでくれるだろう?」そんなことを考えて暮らしているような気がします。

ビジネスを始めたからというわけではありません。記憶では、幼稚園に通っていた頃から、そんなことを考えていたように思います。

振り返ってみると、人の役に立ちたいと思っていた私が、無意識にしていたことは、**自**

分が役に立ちたいと思っている人の話を、ただひたすら聞くということでした。

そして、心の中では、次のような会話が繰り返されていました。

①「この人は、何をしたいと思っているのだろう?」

②「どのような考え方を大切にしている人なんだろう?」

③「私に何ができるだろう?」

④「何をしたら喜ぶんだろう?」

相手が求めていることを、理解すること! もちろん、全部を理解することはできないけれど、理解したいと思って、誠実に耳を傾けているその姿勢が、相手の心に潜んでいるニーズの発見と実現につながります。

そして、相手との間に深い信頼関係を育み、相手の心を掴むのです。まさに相思相愛の関係構築とはこのことですね。

相手が喜ぶことをいつも考えている、ことの前提にあるのは、相手の話を心を込めて聴

くことです。

これは、お得意様化にとって、常に重要なポイントです。

ポイント

お得意様化は、相手の話から見つけた潜在ニーズの実現

お得意様力③

思いには必ず行為が伴う

もしある日、「あなたのことを愛しています。じつは、中学生の頃からずっと好きでした」と告白されたとしたら、どう感じますか？

「えっ!!　そうだったの？　そんなことまったく知らなかったよ～」

「もっと早く伝えてくれていたらよかったのに～」

「なんで今頃？　じゃあ私の初恋は、片想いではなくて両想いだったのですか？」

等々、恐らく、いろんなエピソードが展開することでしょう。

このように、当たり前の話ではありますが、心の中でどんなに強く思っていても、その**思いをちゃんと具体的に、言葉にして伝える・行為に現す・行動する等して表さなければ、残念ながら相手には決して伝わることはないのです。**

これは、友人関係を深める場合も、親子関係を築く場合も、夫婦関係の絆を強める場合も、お客様との信頼関係を構築していく場合も、まったく同じです。

「思っていたのですが……」は、通用しないと、覚悟を決めることが必要です。

あなたが、末永くお客様と相思相愛の関係であり続けるために、お客様を大切にしているという熱い思いを、日々の言葉に乗せて積極的に届けましょう。

そして、ときには、プレゼントという形に代えて、お伝えするのも、とても喜ばれることでしょう。

「思いは行動に表すことで、花開くもの」なのです。

ポイント

お得意様化は、一つひとつの行為に込めたお客様への感謝の積み重ね

お得意様力④

相手との約束を守る

「10年以上、あなたがおつきあいしている人は、何人くらいいますか?」

こう聞かれて、今、きっと頭の中には、具体的な顔や名前が浮かんできたと思います。

その人たちには、必ず何かの共通項があるはずです。つまり、**長くおつきあいが続いているからには、それなりに明確な理由がある**、ということです。

私の場合で言えば、**誠実な人柄**、という理由が一番先に上がってきます。どんなときでも、ずっと変わらず温かい対応をしてくださる、という安心感と信頼感です。

その中でも、重要な項目に、**「約束を守る！」**ということがあります。誠実さという項目の具体的な内容として、この約束を守ることがポイントとなっています。

あなたの場合はいかがですか？　大切に思っている人との約束でしたら特にそうですね。

じつは、私達は子ども時代から、宿題の提出期限を守るとか、登校時刻を守る、サークルの集合時刻を守る、帰宅時刻を守る、家での役割を果たす等々、非常にたくさんの約束の中で生活を送ってきています。

●約束は信頼という名の絆の源泉

つまり、約束を守るということは、人として当たり前の基本的なルールとして、親や祖父母、学校の先生から教えられてきたことなのです。

しかし、この一見、誰でもができて当たり前のシンプルなルールこそが、じつは、自分と自分を取り囲んでいる多くの人との間を良好な関係に繋ぐ、「信頼」という名の絆の源泉であるということです。

●約束を守れなかった場合の解決策

今、この本を読んでいる方の中で、今までに一度も約束を守らなかったことはない、という人はいますか？　きっとそんな人、いませんよね。ということで、次に何かの事情で、約束を守れなかった場合の最善の解決策をお伝えします。

私たちは普通の人間ですから、忙しすぎて忘れてしまった、後で書いておこうと思ったのに、つい手帳に書くのを忘れた、ということもあるでしょう。

またときには、本当にすっかり忘れて、おおボケして迷惑をかけたという場合もあるかと思います。

理由の如何を問わず、本当に申し訳ないことです。それはそれで、自分がやってしまったことだから仕方がありません。潔く責任を持つことが大切です。

次からは、この様な事態にならないように、最善の注意と対策をしていくことは必須です。

そして、最優先にすべきは、**とにかく迅速に、お客様に対して、心からのお詫びをお伝えする**ことです。これが、何よりも重要です。

この深いお詫びの気持ちを、できるだけ迅速に、丁寧に、何度もお伝えしましょう。

メールとかで済ませるのはもってのほかです。素早く電話をし、口頭で謝罪し、できればアポイントを取って、直に会いに行ってお詫びをすることです。

このタイミングを間違えないことが非常に重要です。あなたの誠実な姿を、しっかりとお伝えしましょう。

●ピンチをチャンスに変える

「クレームは宝」という言葉があります。

その意味は、**「たとえ失敗したとしても、その後きちんとお詫びをし、さらに誠実な対応をとることで、逆に、マイナスの印象をプラスのよい印象（ファン）に変えるチャンスにもすることができる」**という意味があります。

お恥ずかしながら私も、今まで、このような体験を何度かし、乗り越えてきたという経験があります。

どうかあなたも、もし似たような事態を引き起こしたときは、**「ピンチは、チャンス！」**

と、とらえ方を変えて、しっかりと反省し、そのうえでプラス思考の対応で乗り切っていってください。

ポイント

お得意様化は、誠実さで始まり、誠実さに終わる

お得意様力⑤

労を惜しまない

現代は、「いかに効率よく合理的に仕事ができるか」というテーマが、企業だけでなく個人事業主に至るまで求められているようです。

これは、現代の多くの人にとっては、「いかに労力を使わずに、より多くの成果・結果を出せるか」がテーマであると言い換えてもいいのかもしれません。

労力をかけずに仕事をすること（＝お金を稼ぐ）が価値の高い仕事であり、それをできるようになることが素晴らしいことである、といった価値観が流行っている感じがします。

もちろん、その考え方は、一面の真理であると思います。けれど、労力をかける仕事は、仕事としては、ちょっとつまらない仕事であるかのような風潮があるのには、少し抵抗があります。

●仕事の意味・価値

なぜ抵抗感が生まれるのかと考えると、つまり、この風潮は、仕事の意味・価値というものを、お金を稼ぐことと、ほぼ同義語として捉えている考え方だ、と感じるからかもしれません。

もちろん、企業努力として、無駄を省き、できるだけ効率的に仕事ができるように、仕事の仕方、流れ等に関して、常に創意工夫をすることは非常に重要なことです。

合理化を進めていくことも発展にとって重要なポイントでしょう。しかし、本来の仕事の目的を忘れ、目的を侵食してしまっては、本末転倒ではないかと思うのです。

●仕事の存在価値・目的

なんのために、その仕事があるのか。なんのために、あなたは、その仕事をするのか。その仕事の価値・目的が大きくズレてしまっては意味がないわけです。

あくまでも、**仕事というものは、どんな仕事であっても、世の中に貢献し、人々の幸福に貢献するものであるという基本的な考え方が、侵食されてはならないと思うのです。**

●仕事のベクトル

あなたは、どのような理由で、なるべく労力をかけずに仕事がしたい、と思っているのでしょうか？　その思いのベクトルは、どこを向いていますか？

お客様の幸福のほうですか？　それとも、自分の幸福の方向でしょうか？　一度、点検してみることが大切です。

たとえば、あなたは、こんな言葉を耳にしたことはありませんか?

「なんとか労働集約型の仕事から抜け出したいと思っている」

私のまわりでは、会話の中で、けっこう聞く言葉です。

労働集約型の仕事とは、一言で言えば、「自分の労働に応じて報酬が入ってくる、というような仕組みの仕事」のことを指します。

ですから、「仕事＝お金を稼ぐ」ことという定義で考えた場合は、自分の体力と働ける時間の限界が、すなわちそのまま収入の限界になるということが起こります。

つまり、たくさんお金を稼ぐためには、休日返上、寝る時間を削ってでも働かなくてはならないということが起こるのです。


私たちにとって、仕事とは何なのでしょう?

いろいろな考え方があると思いますが、私が考える仕事とその方向性とは、第一義として、**自分の使命を輝かせて、世の中や他の人の幸福に貢献・寄与する**ことだと、考えています。

ですから、当然のことですが、**大切なお客様の幸福に繋がることにおいては、労を惜しまない**という心構えと姿勢を持ち続けることが大切だと思っています。

その覚悟と姿勢が、不思議と必ずお客様に届きます。

ポイント

お得意様化は、目的をはき違えた効率化と合理化の中にはない！

お得意様力⑥

「非日常」という感動を与える

東京ディズニーランドに行ったことはありますか？　もし、まだ行ったことがないという方がいらしたら、ぜひ一度は訪れてみてください。

ディズニーランドには、「非日常」という感動が、あちらこちらにちりばめられています。有り得ないホスピタリティとの出会いが待っています。

「感動」とは、「心が感じて動く」ということです。毎日をいつも忙しく生活していている私たちの心は、縮まり固まってしまっています。

この固まってしまっている心の状態を、柔らかくほぐし、自由自在に動けるようにしてくれるのが「感動」です。

じつは、**ディズニーランドでは、この感動の連鎖が続く**ので、まるで魔法にかけられたかのように、心ははしゃぎ、喜び、ワクワク感と幸福感でいっぱいになるのです。

嫌なことは忘れて、楽しい気持ちがあふれるので、いつのまにか元気になっている自分に気がつく、そんなことが訪れる人に起こる素敵な時空間です。

だから、**また訪れたくなる!**

嬉しいことがあったときには、その嬉しさが何倍にも膨らみます。悲しいことがあったときは、悲しみを癒し元気にしてくれます。

安心して、いつでも訪れたいと思える、そんな存在であり、場所なのです。

お客様がどうすれば喜んでくれるのか！　満面の笑みを浮かべてくれるのか！　また来たいと思ってくれるのか！

それを**「感動」という視点から提供している時空間**なのです。

私も、相手の方にとって、そういう自分であり続けたいと願っています。

●感動を与えられる存在になろう

自分自身が、お客様にとって、「感動」を与えられる存在であるためには、**あなた自身が、いつも何かに感動していることが大事**です。

どんな小さなことにでも感動できるように、あなたの感性を、ぜひ磨いてみてください。

時間をつくって、山や海に積極的に足を運んでみましょう。小鳥のさえずり、木漏れ日の光、心地よい風、凛とした空気、快晴の青空、潮騒、足の裏に感じる砂浜、人々の楽しそうな声、それを、コーヒーを飲みながら、まったりと眺めている自分……。

ぜひ、静かな感動に身を任せてみてください。

さて、今目の前にいるお客様に、あなたなら、どのようなことをして感動してもらえそうですか？

どのような会話をすれば、どのようなトーンで声をかければ、笑顔になってもらえそうですか？

何をお届けしたら、感動してもらえるでしょう？

こんなことを考えているだけで、ウキウキして楽しくなってきます。

ポイント

お得意様化は、あなたがいつも感動していること

お得意様力⑦

相手は、人生を共に生きる大切な仲間

「お客様との究極の関係」を思い描いたことはありますか？　あなたが理想とする、お客様と自分との究極の関係とはどのようなものでしょう。

私は、主人とお客様との関係を間接的にですが、脇で見ていて教えられたことが多かったです。主人の仕事は、建築営業でした。

主人は一人のお客様と、当たり前のように10年、20年とおつきあいをさせていただいていました。売れればそれでよい、という考え方とはまったく正反対の考え方を持って仕事をしていました。

建築営業という仕事柄、単価も○千万～○億と高額でした。深い信頼関係ができていなかったら決して成約しない価格帯でした。

お客様とのおつきあいの仕方を見ていて、気がついたことは、主人はいつも、お客様の安全・安心と、お客様の家族の末永い幸福な人生を守るために、ありとあらゆるパターンを考え、提案し、アフターフォローも含めて真摯に尽くしていたということです。

その誠実な仕事を続けていたおかげで、お客様の信頼は厚く、たくさんの紹介・口コミも頂戴していたようでした。お客様には、感謝の思いしかありません。

このように長期間にわたりお客様とおつきあいさせていただいていると、ある意味で、お客様の人生を一緒に生きているという感じにもなってきます。

途中で病気になられる方、お亡くなりになられる方、ひ孫さんが誕生される方等々。

そのたびに、お見舞いに行ったり、葬儀の席に参列させていただいたり、お祝いに駆けつけたりと、お客様の人生が、主人の人生と紐づきながら進んでいました。

まるで、縦糸と横糸で織り込まれていく一枚の織物のような感じでしょうか。

じつは、尊敬してやまない主人は、昨年秋に突然、私たち家族の前から旅立ちました。

その通夜、告別式には、多くの友人やお仲間がお別れに集ってくださいました。

そして、何よりも、長年のお客様から現在進行形のお客様まで、多くの方が主人と私たち家族に、とても温かい思いを寄せてくださいました。

そういう温かい体験を通して確信したことがありました。

それは、**「お客様という存在は、人生を共に生きる大切な大切なお仲間である」**ということです。


なぜか理由はわかりませんが、神様からのご縁をいただき、自分のお客様になってくださった大切な方、それが今目の前にいるお客様だということです。

出会ったときの立場は違うけれど、お互いに信頼関係でつながりながら、この時代を共に生きている、大切なお仲間であるということなのです。

そう思うと、なんだかとても嬉しいのです。これから、そんな素敵なお客様との究極の関係を目指して、私も一歩一歩前進していきたいと思っています。

ポイント

お得意様化は、人生という織物の大切な横糸がお客様であると知ること

お得意様力⑧

「相手の人生」を心から愛する

「あなたは、自分の人生を心から愛していますか?」

人生を愛するとは、どういうことなのでしょうか。ゆっくりとした時間を取って、考えてみる機会がないままに、毎日忙しく生活をしている人も多いと思います。せっかくなので、この機会に、思いつくままに書いてみようと思います。

慈しむこと、大切にすること、使命・天命を生きること、人間性を磨くこと、夢を叶えること、教養を身につけること、興味があることを勉強すること、たくさん本を読むこと。やりたいことをやること、健康維持に努めること、家族を大切にすること、景色のいいところに旅行に行くこと、友人知人と仲良く楽しく過ごすこと、個性を輝かせること、行きたい場所に行くこと、会いたい人に会いに行くこと、楽しんで生きること。

生まれてきた意味を知ること、強みや才能を活かして人の役に立つこと、世の中の役に立つこと、人を笑顔にすること、人を幸福にすること等々。

ちょっと書くだけでも、こんなにもたくさん出てきました。

もしかしたら、こうしてときどきは、白紙に書き出してみるといいかもしれませんね。なぜなら、そのときどきの自分の人生にとって必要な内容が具体的に見えてくるからです。これによって、より深く自分の人生を愛することができるようになります。

自分の人生を愛することができるようになると、次に自然に、感謝と報恩の気持ちが溢れてくるようになります。感謝の気持ちが溢れているときというのは、心が温かくなり、幸福感でいっぱいな状態になるのです。

もしよかったら、しばらくの間、この感謝の習慣を生活に取り入れてみてくださいね。

じつは、自分の人生を愛することができるようになると、自分以外の人の人生をも心から愛することができるようになります。自分の生命を大切にできない人が、他人の生命を大切にすることできない、と言われていることと同じ意味です。


こう考えると、わかりやすいですよね。ですから、とにかく先ずは、自分の人生を心から愛してください。

感謝の思いが溢れ出したら、第一ステップは合格です。

この項のお得意様化の秘策は、**「相手の人生を心から愛する」**です。

第一ステップを見事に合格したあなたならば、イメージング力を発動することで、自他一体の瞑想は簡単にできるはずです。


つまり、「自分と自分以外の人は、別々の存在ではなく、潜在意識の奥深いところで、じつは繋がっている存在である」というイメージを描いてみてください。

たとえば、さつま芋を掘りに行ったときのことを思い出してください。土の下から幾つも繋がった芋が出てきますよね。簡単に言うとあのようなイメージです。

隣の家人だと思っていたら、なんと深いところでは他人ではなく自分と繋がっていた。同じように、お客様も他人ではない。自分と繋がっている人であったということです。


ですから、**他人と思っていたお客様の人生を愛することは、すなわち、自分の人生を愛することと同じ**だということなのです。

つまり、**お客様の幸福な人生は、自分自身の幸福と同じ**である、ということが結論です。

だとしたら、あなたは、自分の人生と同じように、お客様の人生を心から愛することができますよね。

そして、その強い愛の思いは、必ず相手に伝わるものです。

この愛の思いは、じつにいい仕事をしてくれます。

ポイント

お得意様化は、「自分の人生とお客様の人生は繋がっている」と知る

お得意様力⑨

お互いがお互いのファンになる

いよいよ、ステップ5「お得意様化ポイント」の最後の項になりました。

この項では、お互いがお互いのファンになる関係ができたら、あなたは、お客様から末永く愛され、同時にそのお客様は、あなたのお得意様になっている、ということをお伝えします。

あらためて聞きます、ファンって何でしょう?

一般的には、自分のことを支持してくれている人とか、自分のことを好いてくれている人のことをファンと言うようです。

この本の中でも、あなたの熱烈ファンをつくろうという話をお伝えしましたが、この項では、**お互いがお互いのファンになることがお得意様化の秘策**ですよという話です。

わかりやすく言うと、フェイスブックにある、「お友だち」と「フォロワー」との違いに近い感じとでも表現すればいいでしょうか？

「お友だち」は、申請が来て了承することで成立している、双方向での共通の意思確認が前提にあります。

一方「フォロワー」は、相手があなたを応援するという一方通行の意思のみが前提にあるわけです。もちろん「フォロワー」も本当にありがたい存在です。

しかし、「絆」「信頼関係」という視点から見た場合、圧倒的に「お友だち」のほうが強いわけです。つまり、**お互いにお互いのファンであるという状態は、相思相愛の関係に極めて近いイメージ**かもしれません。

それぞれが、相手の人間性や個性、考え方、生き方を認めるだけでなく、大好きで、応援し合っているという極めて深い信頼関係で結ばれている間柄であるわけです。

お客様とそのような相互支援的な関係が築くことができたら、こんなに素晴らしいことはないと思います。こういったお客様との素晴らしい関係構築を目指して、私もさらに努力精進を積み重ねていきたいと思っています。

これで、ステップ5「お得意様化ポイント」末永く愛されるための9つの秘策！ は、すべてお伝えいたしました。ぜひ、お得意様を増やして、豊かで幸福なビジネスを目指していきたいものです。

これからのあなたのビジネスが人生の幸福につながるものでありますように、心より祈念しています。

ポイント

お得意様化は、人と人との魅力的なエネルギー循環の中に生まれる！

あとがき

この本を手にとって、最後までお読みくださったあなたに、心より感謝申し上げます。本当にありがとうございました。本書が何かあなたのお役に立てたなら嬉しいです。

2020年2月から世界的にコロナ禍となり、リアル中心に仕事をしていた私も、当然のことながら、半強制的にオンライン化の波に飲み込まれていきました。

2021年5月現在も、一向に収束に向かう気配も感じられない状況が続いているかに見えます。多くの人々の戸惑いと困惑、そんな時代の中で書き綴られたのが本書です。

まさか、こんな時代が人類に訪れるとは、予想だにしていませんでした。

世界中の人々の笑顔が一日も早く戻りますように、ただただ祈っています。

自分にできることはないか？　と毎日毎日、考えて暮らしています。きっと皆さんも同じ思いだと思います。

昨年10月末日に突然、尊敬し、愛してやまない主人が天国に召されました。

今は、私たち家族も、きっと天国でのお仕事があって呼ばれたのだと思っています。まだ原稿を書いている途中の出来事でした。

当たり前のことですが、今日まで、いろいろと乗り越えなくてはならないことがありました。

正直申し上げて、本書の原稿を書くのをやめようかと、一瞬ですが思ったこともありました。でも……ある方に「何でやめるんですか」という言葉をいただいたのです。そうなんです。出版を一番楽しみにしていてくれたのが主人でした。「書こう」と決めました。

再度の決意をして、恩師である遠藤励起先生に「書きます」と連絡を入れました。「頑張ろう」という優しく力強い励ましを頂戴しました。感謝申し上げます。

本当に多くの皆様からのご支援と温かい応援パワーの中で、本書は生まれました。

ごま書房新社の池田雅行社長様、このような機会を頂戴いたしまして、本当にありがとうございました。

あらためて、この場をお借りして、応援してくださいました大好きな皆様に、心から感謝、御礼を申し上げます。皆様、本当にありがとうございました。

本書が、一人でも多くの必要な方に届き、希望の一助になればと願っております。

最後に、誰よりも理解して惜しみなくサポートをしてくれた親愛なる娘に、心からの感謝と、「ありがとう」の言葉を贈ります。ありがとう。

なかうら愛子

◆著者略歴

なかうら愛子（なかうら あいこ）

起業・副業の夢を叶えるビリーブセールスコンサルタント

新潟県生まれ。子ども時代から「生きる意味を探求し続け、自己啓発・成功哲学・仏教哲学・聖書等の書物を多数読み始め、数多くの講座やセミナー・研修に参加し、「人が生きる意味」「魂を輝かせること」「心の法則」等学び続ける。

知識を学ぶだけでは人は変わらないと気づき、人の人生を豊かにするボランティア活動を学生時代から始め現在に至る。ボランティア時代から現在に至るまで、相談件数が15,000件を超える。

40年以上にわたり、「人のお役に立つことが自分の喜びである」「自他共に発展し幸福になる」をモットーに現在も活動を続けている。

59歳の時、ボランティア活動を通じて得た知恵と経験、これまで学んできた心の成功法則などを用いて本格的に起業を志しチャレンジ。起業・副業コーチ・コンサルタントとしての仕事で、成約率100％。その結果、SNS集客を使わずに、リアル集客のみで、1年目で年商1400万円超えを達成する。

その実績をもとに作った「愛から始まるビリーブセールス®メソッド」を、起業・副業という形で夢を叶えたいと願っている40歳以上の全国の女性の方々を中心に提供し、クライアントの半数以上が起業・副業ができ、成果を出している。

現在、コーチ・セラピスト・カウンセラー・ヒーラーの方々のビジネス発展を応援するコミュニティ運営、自主勉強会「ダイヤモンドシャイニー」、イベント事業を展開する「ECLORE」、「愛から始まるビリーブセールス®起業塾」の代表として、幅広く活動している。

ウィズコロナ時代に起業し、いつの時代にも成功し続けることを目指す女性たちを応援している。

■ LINE公式　https://lin.ee/xB3voRA

■ Facebook　https://www.facebook.com/nakauraaiko/

〈良き習慣を手に入れるワーク〉

～ 成功する人は、成功する良き習慣を持っている ～

[1] あなたは今、どんな習慣を持って毎日過ごしていますか？

（具体化しよう）

	生活全般	食事	健康・運動	睡眠	読書	ストレスケア	その他
現在							
今後							

[2] 成功するために、持ったほうが良い習慣を考えてあげてみましょう

（その理由も）

[3] [1]と[2]を踏まえ、
これからあなたが成功者となるために欲しい習慣は？（その理由も）

[4] [1] の表に、赤字で具体的改善習慣を書き込んでみましょう

※あなたが成功するために、まず1番最初にするべきことの1つは、“良い習慣をつくる” ことです！

〈成功するためのお金とのつきあい方を手に入れるワーク〉
～ 成功する人は、お金が大好きという法則を持っている ～

[1] あなたは“お金”という言葉を聴くと、どんな気持ちが湧きますか?

[2] あなたは“お金”が好きですか? 「好き!!です」と大声で言えますか?

[3] あなたは“お金持ち”“成功者”に対して、どんな気持ち（感情）が湧きますか?

[4] “お金” に対する正直な思い、イメージを書いてみよう!

[5] 成功する人と成功しない人では、お金に対する思い・考え方がどう違うと思いますか?

成功する人		成功しない人	

[6] あなたが成功するためには、これから“お金”に対してどんなイメージを持つことが必要でしょうか?

※あなたが成功するために、まず1番最初にするべきことの1つは、“お金”に対するブレーキを弱めることです。

〈成功するためのセルフイメージづくりワーク〉

〜 あなたの成功は、セルフイメージング次第 〜

[1] あなたが現在抱いているセルフイメージングを書き出してみよう！

[2] あなたは現在、まわりの人からどういう人だと思われているか？
見られているか？ 言われているか？ 想像して書き出してみよう！

[3] あなたはそれに対して、どういう気持ちが湧いてきますか？

[4] それでは改めて、あなたはまわりの人から、自分自身のことをどういう人だと思われたいか? 言われたいか? (その理由も)

[5] 理想の自己イメージを描いてみよう！ (そうなった時の気持ちも)

※あなたが成功するために、まず1番最初にするべきことの1つは、“セルフイメージを上げる”ことです！

女性が起業して成功するためには
「与え方」が9割

2021年7月4日　初版第1刷発行

著　者　なかうら愛子
発行者　池田 雅行
発行所　株式会社 ごま書房新社
〒102-0072
東京都千代田区飯田橋3-4-6
新都心ビル4階
TEL 03-6910-0481（代）
FAX 03-6910-0482
企画・編集協力　遠藤 励起
カバーイラスト　（株）オセロ 熊谷 有紗
DTP　海谷 千加子
印刷・製本　東港出版印刷株式会社

ISBN978-4-341-08793-7 C0034